고려 거란 전쟁

고려 거란 전쟁

압록강 연안에서 전개된 영토 확장 전쟁

안주섭 지음

경인문화사

책머리에
자그마한 불씨로

　한때 군대에 대한 우리 사회의 통념을 보여주는 말이 있었다. 민간인과 군인이 함께 걸어가면 "사람과 군인이 간다"고 하는 말이었다. 민간인은 사람이지만 군인은 사람이 아닌 그 무엇이라는 비하 또는 특별한 존재라는 의미가 혼재되어 있는 말이다. 그 때 대대장 시절이었던 나는 수백 명의 군인들 속에 '사람'은 셋, 즉 나의 아내와 두 아들이 한 식구처럼 살았다. 연대장 시절부터 사회와 접촉이 잦아지면서 군대는 '사람'과 더불어 살고 사회의 중요한 부분임을 재삼 실감하기도 했다.
　그러나 내가 군인이라는 사실은 나의 삶에 있어서 최고의 가치요, 자긍심의 원천이었다. 국민의 군대를 책임진 장교단의 일원인 내게 "너는 군복을 입고 있는 것만으로도 국가에 충성하고 있다"는 친구의 말은 더할 나위 없는 격려였다. 나는 국민의 자제인 대한민국의 남아들에게 애국심, 국가관, 죽음을 무릅쓰고 책임을 완수하는 군인 정신을 고양시키고, 그들이 대한민국의 건전하고 건강한 국민이 되도록 열의를 다했다. 또한 스스로 행동을 통해 모범을 보이려고 노력했던 34년의 군 생활이었다.

　군 생활을 하는 동안, 『민족의 웅비』『한민족의 용트림』『민족사』『민족항쟁사』 등을 통해 국가와 민족에 대한 애국심과 자긍심을 키우고자 노력했다. 그러나 항상 나의 머리를 무겁게 하고 혼란스럽게 하는 의문들이 있었다.
　첫째, 우리 역사에서 전쟁을 바라보는 시각에 대한 의문이었다. 우리 역사에서는 국가 간의 싸움을 전쟁이라 하지 않고 '거란의 내침' '몽고의 내침' '임진왜란' '병자호란'이라

표현한다. 그러면서 청과 일본의 싸움은 '청일전쟁'이라 하여, 남의 나라 싸움은 전쟁이라 하고 우리나라의 싸움은 전쟁이라 하지 않는 것이다. 또한 이 땅의 사람들은 싸우면 지기만 해서 노략질이나 당하고 조공이나 바쳤다고 한다. 그렇게 근근이 살아온 삶을 유구한 역사와 전통에 빛난다고 자랑하면서 침략자는 나쁘고 침략을 당한 우리 민족은 선량하다고 한다. 정말 우리 선조는 매번 지기만 했을까? 어떤 책에서도 매 전쟁마다 왜 싸우게 되었는지, 방비 태세는 어떠했는지, 어떻게 싸웠는지 등이 구체적이고 선명하지가 않았다.

둘째, 오늘날 국민들의 군대에 대한 인식도 의문이었다. 우리 역사는 수많은 외침으로 인한 수난의 역사라고 한다. 그렇다면, 그 수난의 역사를 반복하지 않기 위해서는 국방을 튼튼히 해야 함이 지난 역사가 주는 교훈일 것이다. 그런데 왜 많은 젊은이들이 군대 가기를 싫어하고, 또 일부 국민들은 한사코 자식을 군에 보내지 않으려고 하는 것일까?

이러한 우리 역사에서의 전쟁에 대한 잘못된 인식과 오늘날 국민들의 군에 대한 부정적인 인식이 어디서 기인하는지, 그 본질이 무엇인지에 대한 의문이 항상 뇌리에서 떠나지 않았다.

그러던 중 대통령 경호실장으로 지난 5년간 직무를 수행하면서 국가 사회의 변화하는 모습을 지켜보았다. 우리 사회는 21세기 변화의 물결을 타고 있다. 국민 의식이 능동적으로 변화하여 국가에 대한 주인 의식이 성장했다. 여성의 사회 진출이 현저하게 늘어나고 있고 시민의 사회 참여 문화가 활발해지고 있다. 또한 시장 경제가 활성화되어 전세계 국가들과 더불어 경쟁하는 체제로 변화하고 있고, 전자 정부가 실현되어 행정이 투명하고 신속해지고 있다.

 이러한 정보화 사회로의 변화를 몸소 느끼고, 평소 관심 있던 역사를 학문으로 접하게 되면서 우리 역사의 실체를 새롭게 인식하게 되었다. 나는 우리가 우리의 과거를 잘못 알고 있고 또 너무 편향된 시각으로 스스로를 보고 있다는 생각을 했다. 전통시대에는 궁중 중심으로 역사를 기록했고 그나마도 『용비어천가』식으로 해당 왕조를 미화시키거나 사대주의가 반영되었다. 일제 강점기에는 일본 학자들이 식민사관으로 한국사상(韓國史像)을 왜곡했다. 식민사관에서 벗어나기 위해 민족주의에 의한 역사 만들기가 있었다. 민족주의로 편향된 시각에서 벗어나고자 할 무렵에는 유물사관에 의한 민중 중심의 역사 보기 열풍이 불었다. 또 신라 통일 중심의 역사가 되기도 하고 고려 통일 중심의 역사가 되기도 하고, 더욱이 문중에 의한 영웅 만들기도 있었다. 즉, 일부 사료의 왜곡된 기록, 승자 중심의 조작된 사실, 사실(史實)에 대한 편향된 시각으로 우리 역사를 평가했던 것이다.

 역사는 과거를 거울로 삼아 오늘의 삶을 조명하고 보다 나은 내일을 추구해 가는 역동성과 추진력의 요체이다. 따라서 우리 역사는 한반도의 기후 풍토와 자연 환경 속에서 살아온 사람들의 독특한 생활상을 사료를 바탕으로 하고 인류의 보편적 가치에 기준하여 객관적이고 정직하게 그리고 체계적이고 종합적으로 평가해야 한다. 우리 역사에 대한 이러한 재조명이 세계 속에서 우리의 객관적 위치를 확인하고 우리 역사의 눈으로 세계를 정확하게 볼 수 있게 하여 당당한 한국인이면서 국제 사회의 일원이 될 수 있다고 생각한다.

우리 역사에 대한 이러한 생각과 바람에서 그 중요성에 비해 연구가 미진한 고려와 거란의 전쟁을 연구하게 되었다. 이 전쟁에 대한 기존의 설명에는 많은 의문이 있었다. 당시 동북아시아 정세는 어떠했는가, 거란은 왜 침공했으며 어떤 전술을 구사했는가, 고려가 이긴 것인가 아니면 거란이 이긴 것인가, 전쟁 당시의 지형과 기상은 전쟁 수행에 어떤 영향을 미쳤는가 하는 것들이었다. 이러한 의문들을 중심으로 연구한 결과, 2002년 여름에 『고려-거란 전쟁사 연구(高麗-契丹 戰爭史 研究)』로 명지대학교에서 박사학위를 받았다.

본서는 학위논문을 일반인들이 비교적 쉽게 읽고 이해할 수 있도록 다시 정리한 것이다. 아직 연구가 미진한 부분이 있고 표현도 잘 다듬어지지 않았지만, 우리 역사에서의 전쟁에 대한 새로운 관점을 제시하고 균형 잡힌 역사 보기에 자그마한 불씨가 되기를 바란다.

본서가 나오기까지는 많은 분들의 도움을 받았다. 본서는 필자의 이름을 달고 있지만, 도움을 주셨던 모든 분들과의 협동으로 만들어진 결실이라 할 수 있다.

가장 먼저 감사의 말씀을 드릴 분은 김대중 대통령님이시다. 지난 5년 동안 하루도 빠짐없이 가까이 모시면서 지켜본 그 분의 선지자적(先知者的) 혜안, 끝없는 학구열, 그리고 크고 작은 일마다 지극 정성을 다하시는 생활은 민족의 미래를 위한 선구자(先驅者) 이셨다. 나에게는 세계와 우리나라와 내 주변을 거시적 관점에서 이해할 수 있게 해주셨고, 무엇보다 우리 역사의 흐름을 객관적으로 볼 수 있는 눈을 뜨게 해주신 큰 스승님이시다.

명지대학교 송자 전 총장님과 선우중호 총장님은 늦깎이 공부를 할 수 있도록 해 주셨다. 명지대학교 사학과 신천식 지도교수님과 김위현·홍종필·정성화·김차규 교수님은 역사적 안목과 학문의 길로 인도해 주셨다. 논문을 학문적으로 인정해 준 진성규·신호웅·한명기 교수님에게 감사를 드린다. 그리고 지도 정리와 군사적 관점 정리를 도와준 신석현 대령, 세세하게 잡무를 챙겨준 윤종성 보좌관, 사료 읽기와 역사적 관점 정리를 도와준 윤경진 박사, 논문을 읽기 쉽게 정리해 준 이영화 박사에게도 감사의 뜻을 표한다. 아울러 본서의 출판을 맡아준 경인문화사의 한정희 사장과 편집부 직원들의 노고에 감사를 드린다.

또한 40여 년 동안 공직 생활이 흐트러지지 않도록 항상 기도해 주신 어머님과 묵묵히 뒷바라지해 준 아내, 그리고 건강한 시민으로 자라고 있는 기석과 자랑스런 대한 국군의 청년 장교인 기현 두 아들이 버팀목이 되었음을 고맙게 생각한다. 무엇보다 이 책을 내놓을 수 있도록 인도해 주신 하나님께 깊은 감사와 영광을 돌린다.

2003년 2월

안주섭

책머리에 | 자그마한 불씨로 4
서론 | 한국사에서의 전쟁의 중요성 | 고려·거란 전쟁에 대한 기존 이해 | 고려·거란 전쟁에 대한 새로운 이해 14

제1장 10세기 동북아시아 정세

1. 거란의 건국과 세력 확장 24
거란 태조의 즉위와 서방 경략 | 거란 태조의 동방 경략-발해 멸망 | 거란 태종의 즉위와 서방 경략

2. 고려의 건국과 서북방 경영 29
고려 태조의 청천강 진출 | 발해인의 내투와 서북방 지역 정착

3. 고려·거란의 외교 마찰 33
고려·거란의 초기 외교 관계 | 고려·거란의 외교 마찰-만부교 사건 | 외교 마찰 후의 고려·거란·중국의 관계

4. 고려의 체제 정비와 방비 태세 39
국가 체제 정비 | 서북방 지역의 방비 태세 강화 | 대중국 친선 외교

5. 거란의 동방 경략과 압록강 진출 43
거란의 요동 진출과 송의 거란 공격 | 거란의 압록강 진출과 고려의 여진 축출

고려 거란 전쟁

차 례

제2장 전쟁 수행 여건

1. 전쟁 지역의 지리적 환경 50
지형이 고려·거란 전쟁에 미친 영향 | 기상이 고려·거란 전쟁에 미친 영향

2. 고려의 전쟁 수행 태세 58
1) 고려 초기의 병제 58
중앙군의 발달과 편성—2군 6위 | 지방군의 발달과 편성—주현군·주진군
양계의 방비군—주진군·방수군·출정군
2) 성 중심의 방비 태세 65
서북방 축성과 다중 방어선 형성 | 성의 전술적 특징—요새형 산성 | 성의 구조적 특징—생존성 보장
성 중심의 견벽고수 전법 | 성 방어용 무기

3. 거란의 전쟁 수행 태세 74
1) 거란의 병제 74
병민 일치 | 전쟁 시기
2) 거란군의 편성 77
어장친군 | 궁위기군 | 대수령부족군 | 중부족군 | 오경향정 | 속국군
3) 원정 형태와 원정군 편성 79
황제의 친정 | 도통을 임명한 원정 | 도통을 임명하지 않는 원정
4) 병력 동원 절차 81
출정 명령 | 병부 발송 | 출정군 사열
5) 원정군의 공격 전술 83
행군 중 전투 | 공성 전투 | 대규모 적과 대치시 전투

제3장 제1차 전쟁

1. 전쟁의 배경 90
거란의 원정 목적과 침공 준비 | 고려의 전쟁 준비

2. 전쟁의 경과 93
거란군의 이동로 | 봉산군 지역 전투 | 소손녕의 항복 요구와 '80만 대군' | 안융진 전투

3. 강화회담의 성립 104
고려의 전략—항복론·할지론·강화 모색 | 강화회담의 쟁점 사안 | 고려, 거란에 대한 사대와 압록강 이동 지역 확보

4. 전쟁의 결과 111
제1차 전쟁의 특징 | 제1차 전쟁의 성과와 영향

제4장 제2차 전쟁

1. 전쟁의 배경 116
거란·송의 강화 협상 체결—전연의 맹 | 거란의 동방 진출—고려 원정 | 양국의 전쟁 준비

2. 전쟁의 경과 121
거란군의 기동로 | 흥화진 전투 | 통주 전투 | 곽주 전투
거란군의 서경 진출과 제1차 강화 교섭 | 서경 전투와 거란 성종의 개경유수 임명
거란군의 개경 입성과 제2차 강화 교섭 | 거란군의 회군로 | 고려군의 반격

3. 전쟁의 결과 143
제2차 전쟁의 특징 | 제2차 전쟁의 성과와 영향

제5장 제3차~제6차 전쟁

1. 제3차~제6차 전쟁의 배경 150
   고려의 친조 거부와 거란의 강동 6주 반환 요구 | 강동 6주의 지정학적 중요성

2. 제3차 전쟁 151
   거란의 전쟁 준비 | 통주·흥화진 전투 | 제3차 전쟁의 특징

3. 제4차 전쟁 154
   거란의 전쟁 준비 | 통주·영주 전투 | 곽주 전투 | 제4차 전쟁의 특징

4. 제5차 전쟁 158
   거란의 전쟁 준비 | 흥화진 전투 | 제5차 전쟁의 특징

5. 제6차 전쟁 161
   양국의 전쟁 준비 | 거란군의 기동로 | 삼교천 전투 | 내구산·마탄 전투와 개경 방어
   금교역 전투와 거란군의 퇴각 | 귀주 전투 | 제6차 전쟁의 특징

6. 제3차~제6차 전쟁의 평가 172

제6장 전쟁 종결과 동북아시아 정세 변화

1. 양국 관계의 정상화 176

2. 고려의 전후 수습과 체제 정비 178
   전후 포상과 개경 나성 축조 | 천리장성의 축조 | 지속적인 군사력 강화 | 서북방 지역 관리

3. 여진의 흥기와 거란·송의 멸망 182

부록 표 | 연표 | 『요사』 병위지 원문 208
참고문헌 222
찾아보기 228

서론

한국사에서의 전쟁의 중요성

인류 역사는 전쟁으로부터 시작했고, 지금도 좋든 싫든 전쟁과 함께 하고 있다. 전쟁은 국가 또는 이에 준한 무장 집단이 자기 의지를 상대방에 강요하는 무장 조직간의 싸움이다. 통상 전쟁은 선전포고로 시작해서 강화회담으로 끝나며, 전쟁의 승패는 전쟁을 일으킨 국가가 그 목적을 달성했느냐 여부에 달려 있다.

전쟁은 국가의 운명, 즉 국가의 성장·생존·소멸을 결정한다. 뿐만 아니라 전쟁은 기존의 사회 질서에 대변혁을 가져온다. 전쟁은 빈곤·죽음·질병을 초래함은 물론 경제 파탄, 신분 변화, 도덕성 파괴를 가져오기도 한다. 전쟁은 국가의 중대한 일 중에서 가장 중대한 일로서 국가와 민족의 역사에 미치는 영향은 절대적이다.

한국 역사도 인류 역사처럼 전쟁과 함께 시작되어 전쟁을 치루면서 국가를 형성, 발전시켜 왔다. 고대에 우리 한민족은 정복 전쟁을 통해서 영토를 확장했고, 수·당과의 전쟁에서 승리함으로써 민족의 생존

이 가능했다. 한국 역사에서 국가의 형성과 발전은 전쟁과 밀접한 관련을 맺으면서 진행되었던 것이다. 이 점에서 우리 역사에서 전쟁의 중요성은 제고되어야 한다.

고려도 전쟁을 통해서 건국되어 멸망할 때까지 많은 전쟁을 치루었다. 따라서 고려사를 이해하는 데는 전쟁에 대한 연구가 필수적이다. 거란과의 전쟁은 후삼국 통일 후 고려의 첫번째 전쟁이다. 신생 국가 고려는 대내적 체제 정비를 진행하면서 거란과의 전쟁을 26년간 6차례에 걸쳐 치루어야 했다.

고려는 이 전쟁에서 어떻게 싸웠을까? 통념처럼 거란군의 침략으로 수세에 몰려 저항한 전쟁인가? 이 전쟁이 한국사에서 차지하는 의의는 무엇일까? 기존의 이 전쟁에 대한 이해는 정확한 것일까?

고려 · 거란 전쟁에 대한 기존 이해

고려 · 거란 전쟁 연구는 일제시기 일본 학자들에 의해 시작되었다. 일본 학자들은 한국사의 독립적 전개를 부정하고 만주의 지역사로 편입시키고자 하는 만선사관滿鮮史觀의 입장에서 고려 · 거란 전쟁을 조명함으로써 이 전쟁을 대외수난사로 파악했다.[1] 이러한 시각은 고려시대가 외세 침략으로 수세에 몰린 시대라는 역사 인식을 낳았다.

해방 후 한국 학자들은 일본 학자들의 입장을 부정하여 고려 · 거란 전쟁을 대외항쟁사의 시각에서 접근했다.[2] 또한 한국사의 진취적 전개를 보여주는 북방사에 대한 관심이 고조되면서 고려의 북진 정책과 관련하여 고려 · 거란 전쟁을 조명했다. 이러한 일련의 연구는 한국사, 동양사, 전쟁사의 분야에서 진행되었다.[3] 한국사에서의 연구는 고려 내부의 정세를, 동양사에서의 연구는 국제 정세를, 전쟁사에서의 연구는 개별 전투를 중심으로 이루어졌다.

이러한 기존 연구는 두 가지 문제점을 안고 있다. 하나는 각 분야의 연구가 분산적으로 이루어졌다는 것이다. 한국사에서의 연구는 국제 정세에 대한 분석이 부족하며, 동양사에서의 연구는 고려 내부 정세에 대한 분석이 부족하며, 전쟁사에서의 연구는 역사적 배경에 대한 설명이 부족하다. 고려·거란 전쟁의 실체를 파악하기 위해서는 분산된 이들 연구를 유기적으로 종합하는 시각이 필요하다.

다른 하나는 전쟁 자체에 대한 분석이 결여되어 있다는 것이다. 전쟁임에도 불구하고 전쟁이라는 관점을 간과한 채 고려·거란 전쟁 연구가 진행되었다. 이로 인해 이 전쟁에 대한 이해는 관념적이고 추상적일 수밖에 없었다. 개괄적인 정세 일반 또는 개인적 역량 중심으로 접근함으로써 전쟁의 승패에 대한 이해가 관념적이었다. 또한 양국간의 전쟁임에도 불구하고 고려 중심의 평가에 치중함으로써 객관적이고 거시적이지 못했다. 뿐만 아니라 6차례에 걸친 고려·거란 전쟁을 전체적이고 포괄적으로만 해석하고 각 전쟁에 대한 개별적이고 구체적인 이해가 미진했다. 이는 전쟁 자체에 대한 분석이 전제되지 않고는 각 전쟁의 개별적 특징을 추출할 수 없었던 때문이다.

고려·거란 전쟁에 대한 새로운 이해

고려·거란 전쟁은 분야별로 분산적으로 진행된 연구를 종합 체계화하면서 전쟁에 영향을 미치는 제 요소를 검토하는 군사적 관점으로 접근해야 한다. 이러한 입장에서 보면, 고려·거란 전쟁에 대한 새로운 의문들이 제기된다. 본서는 새로운 의문을 바탕으로 고려·거란 전쟁에서의 주요 논제를 다음과 같이 접근했다.

(1) 이 전쟁의 배경에 관한 의문이다. 고려와 거란은 왜 싸우게 되었을까? 고려와 거란의 국경선은 어떻게 해서 가까워졌을까? 왜 고구려 땅을 두고 고려와 거란은 각각 계승권을 내세웠던 것일까? 고구려 땅의 주인은 고려인가 거란인가? 왜 거란은 발해를 원수의 나라라 하고 고려는 발해를 혼인한 나라라고 했을까? 고구려와 발해를 둘러싼 두 국가의 입장 차이는 어디서 기인하는 것일까?

이 의문에 답하기 위해서는 10세기 동북아시아 정세를 알아야 한다. 당 멸망 이후 거란은 중원으로 진출하려는 서방 경략과 함께 동방 경략을 병행했다. 거란은 서방 경략을 일단락 지은 후 발해를 멸망시켰다. 이후 발해의 강역인 옛 고구려 땅에 대한 지배력을 확보하기 위해 요동 지역을 거쳐 압록강 연안에 이르게 되었다. 고구려 계승국임을 자처한 고려도 고구려 고토를 회복하려는 서북방 경영으로 영토를 대동강선, 청천강선, 압록강선으로 확장시키고 있었다. 양국 모두 고구려 고토에 대한 지배권을 주장하면서 압록강 연안으로 진출했던 것이다.

또한 양국은 발해에 대한 인식의 차이가 컸다. 거란은 발해를 역대의 원수로 인식했던 반면, 고려는 발해를 혼인한 나라로 인식했다. 거란이 발해를 원수의 나라로 인식한 것은 발해 건국부터 분쟁 요인이 내포되어 있었고 발해가 거란을 공격하는 등 마찰이 잦았기 때문이다. 이에 반해 고려가 발해를 혼인한 나라로 인식했던 것은 발해도 고려처럼 고구려 계승국임을 자처했고 발해 멸망 후 내투한 발해 유민이 고려의 서북방 지역에 정착했기 때문이다. 이러한 고려의 발해 인식은 거란에 대한 적대감을 조성했고, 이는 거란과의 단교 조치를 행하는 배경이 되었다. 고구려와 그 강역을 계승한 발해에 대한 고려와 거란의 입장 차이가 압록강 연안에서 충돌하면서 이 지역 영유권을 둘러싼 영토 분쟁이 벌어지게 된 것이다.

(2) 이 전쟁의 실체에 대한 의문이다. 제1차 전쟁 때 거란은 80만 대군으로 고려를 침입했을까? 거란 성종이 친정한 제2차 전쟁 때도 40만 군대가 왔을 뿐인데, 동경유수에 지나지 않는 소손녕이 그보다 2배나 많은 군대를 이끌고 올 수 있었을까? 80만 대군이 왔다면 얼마나 큰 전투가 벌어진 것일까? 왜 80만이라는 거란군이 서희에게 순순히 압록강 이동 지역을 내주고 철군한 것일까? 왜 거란은 6차례의 전쟁을 벌이면서 공격하다 퇴각하고 공격하다 퇴각하고 했을까?

이 의문에 답하기 위해서는 군사적 관점에서 고려·거란 전쟁을 접근하는 것이 필요하다. 즉, 전쟁 수행의 요소를 이해하는 것이 필요하다. 전쟁 수행의 객관적 요소로는 전쟁 지역의 지리적 환경인 지형과 기상을 들 수 있다. 전쟁 수행의 주체적 요소로는 양국의 군대 체제와 전투 방식을 들 수 있다.

거란 병제에 의하면 도통을 임명하지 않는 원정군은 6만 명을 넘지 않게 되어 있다. 동경유수 소손녕이 지휘한 원정군은 실제로는 6만 명을 넘지 않았을 것이지만, 소손녕은 전쟁을 빨리 종결짓기 위해 군대 수를 부풀려 고려를 위협했을 뿐이다. 그럼에도 이제껏 소손녕이 80만 대군을 이끌고 침입했다고 여긴 것은 거란 병제에 대한 이해가 없이 고려측 자료에만 의존했기 때문이다.

거란군이 6차례의 전쟁을 벌이면서 공격하다 퇴각하고 공격하다 퇴각했던 것도 거란의 전쟁 수행 체제를 이해해야 설명할 수 있다. 거란군은 장기간 지속적으로 공격하는 전투 방식을 쓰지 않았다. 거란군의 원정은 통상 9월에서 12월 사이에 이루어져 전쟁 기간은 4개월 정도로

정해져 있었다. 이는 거란의 유목 생활 습속이 작용한 것으로, 곡식 수확을 마치고 저장에 들어가는 9월부터 출병해야 현지에서의 식량 확보가 용이했고 12월에는 회군해야 다시 방목을 준비할 수 있었다.

(3) 이 전쟁의 영향에 대한 의문이다. 이 전쟁이 한국사와 동북아시아 국제관계사에서 차지하는 위치는 무엇일까?

신라의 삼국 통일로 고구려의 영토 태반을 상실함으로써 한민족의 생활 영역은 크게 축소되었다. 고려는 고구려 계승국임을 자처하면서 고구려 고토를 회복하고자 했고, 이로 인해 고려·거란간에 압록강 연안 영유권을 둘러싸고 전쟁이 벌어졌다. 전쟁 종결 후 고려는 압록강 연안에 대한 영유권을 확정지음으로써 고구려가 망한 이후 한민족은 최초로 압록강까지 진출할 수 있었다. 고려의 압록강 연안 영유권 확보는 영토 확장이라는 점에서 한국사에서의 의의가 크다. 또한 거란과 싸워 이 지역을 우리 땅으로 만들었을 뿐 아니라 고구려 고토 회복 의지가 실현되었다는 점에서 그러하다.

고려·거란 전쟁은 비단 전쟁 당사국에만 영향을 미친 것은 아니다. 거란은 6차례에 걸친 고려와의 전쟁에서 실패한 후 대외 팽창을 중지하고 농업 국가로 전환하게 되었다. 거란의 세력 약화는 11세기 동북아시아를 소강기에 접어들게 했고, 이 틈을 타서 여진이 세력을 확대하여 12세기 초엽 금을 건국하고 동북아시아의 새로운 패권자로 등장했다. 결국 고려·거란 전쟁은 동북아시아 질서를 재편성하는 결과를 낳았던 것이다.

(4) 이 전쟁의 본질에 관한 의문이다. 이 전쟁은 거란의 침략에 대한

고려의 민족적 저항 또는 항거인가? 이 전쟁의 진정한 승자는 누구인가? 고려인가 거란인가?

이 의문에 답하기 위해서는 전쟁에서 승리가 무엇인지를 파악해야 한다. 전쟁의 승리는 전쟁 목적을 달성했느냐 못했느냐에 달려 있다. 거란은 6차례 모두 전쟁목적을 달성하는 데 실패했다. 소손녕은 압록강 이동의 고토에 대한 지배력을 확보하려 했지만 실패했고, 거란 성종은 고려를 속국화하려 했지만 실패했다. 이후 강동 6주를 탈환하기 위해 계속 전쟁을 벌였지만 이 또한 모두 실패했다. 결국 거란으로서는 압록강 이동 지역을 고려에 주고 만 셈이 되었다. 이 점에서 고려 · 거란 전쟁은 고려의 승리였다.

고려가 거란과의 전쟁을 승리로 이끌 수 있었던 것은 이 전쟁을 사전에 대비하고 있었기 때문이다. 요충지마다 성을 구축하여 다중 방어선이 형성되었고 거란군과 대등한 규모의 방어군을 편성해 놓았다. 사전에 철저하게 준비하여 거란군을 물리친 당당한 전쟁이었던 것이다. 이는 국가 대 국가의 정정당당한 전쟁이지, 고려가 수세에 몰려 항거하거나 저항했을 뿐인 싸움이 아니다. 고려 · 거란 전쟁은 고려가 침략자를 철저하게 응징한 통쾌한 전쟁이었던 것이다.

본서는 각 분야에서 이루어진 분산적 연구를 유기적으로 종합하고 군사적 관점을 도입하여 고려 · 거란 전쟁을 재조명했다. 전쟁의 역사적 배경은 고려 내부의 정세와 국제 정세를 종합하여 접근했고, 전쟁의 실체는 기존에 간과되었던 군사적 관점을 도입하여 접근했다.

특히 고려 · 거란 전쟁의 군사적 분석에 초점을 두었다. 거란군의 공격 전술과 고려군의 성 단위 방어 전술을 기초로 양국을 대등한 입장에서 분석하여 6차례 전쟁마다의 전쟁 목적, 원정 형태, 적용 전술, 전쟁 특징을 추출했다. 또한 사료와 지형을 기초로 거란군의 기동로를 분석함으로써 전투 지역별 지형과 사료상의 실상을 종합적으로 파악했다. 기상 또한 전쟁에 미친 영향이 크기 때문에 매 전쟁마다 같은 시기에 이루어진 동계 기상을 분석했다. 각 전쟁의 실제적이고 입체적인 이해를 위해 각종 지도와 인공위성 사진을 다각도로 활용했다.

이 과정에서 기존 역사적 사실의 오류를 수정하여 전쟁 회수를 3차에서 6차로 조정했고, 제1차 전쟁시 거란군의 병력 규모를 80만 명에서 6만 명 이하로 조정했다. 또한 기존의 이해와는 달리 고려군의 진취적 전투 의지를 발견할 수 있었다. 고려군은 구국충정이나 저항정신에서라기보다 고구려 고토 회복 의지와 침략에 대한 응징을 목적으로 거란군에 공세적인 전투를 폈음을 확인할 수 있었다. 이를 통해 고려 · 거란 전쟁의 역사적 의의를 재평가하게 됨으로써 우리 민족 역사에서 전쟁의 중요성을 제고할 수 있었다는 성과가 있었다. 그러나 이는 고려 · 거란 전쟁 연구의 시작에 불과할 뿐 이후 연구해야 할 과제는 많다. 특히 고려 · 거란 전쟁을 연구한 시각으로 한국사에서의 다른 전쟁을 연구해야 할 필요가 있다. 이는 추후 연구 과제로 남긴다.

제1장

10세기 동북아시아 정세

고려와 거란은 왜 싸우게 되었는가 10세기 초 당이 멸망한 후 거란은 5대(후량·후당·후진·후한·후주)와 송으로 이어지는 중국 대륙으로 진출하는 서방 경략과 발해·후발해·정안국·고려로 이어지는 옛 고구려 지역으로 진출하는 동방 경략을 병행했다. 서방 경략시는 동방을 견제하고 동방 경략시는 서방을 견제하면서 세력을 확장시켜 나갔다. 거란은 동방 경략으로 발해를 멸망시키고 요동 지역을 거쳐 압록강까지 진출했다. 한편, 고려는 옛 고구려 땅을 찾기 위한 서북방 경영을 통해 평양을 중심으로 한 대동강, 그리고 청천강 일대를 거쳐 압록강 지역으로 영토를 확장시켜 나갔다. 양국의 영토 확장이 압록강 연안에서 충돌하면서 고려와 거란의 전쟁이 시작되었다.

1. 거란의 건국과 세력 확장

거란 태조의 즉위와 서방 경략

거란족은 요하 송막松漠 일대에 거주하던 종족으로, 거란契丹이라는 명칭이 처음 등장한 것은 중국 남북조시대였다. 이 시기에 거란은 일부는 북위北魏와 북제北齊에, 일부는 고구려에 복속되어 있었다. 중국에 통일 왕조가 들어서고 고구려가 멸망한 후에 거란은 당의 지배를 받았다. 당은 주변 지역 수장들에게 관직을 주고 자치를 허용하면서도 상호 간의 분열을 조장하는 정책을 구사하면서 지배력을 행사하고 있었다.

당의 지배를 받고 있던 거란은 측천무후則天武后 때 이진충李盡忠을 중심으로 반란을 일으켰다(698). 당은 즉각 토벌에 나섰지만 제압하지는 못했고, 이진충이 병사한 뒤에는 손만영孫萬榮이 주도하여 저항했으나 결국 패하여 자살함으로써 반란은 일단락되었다.

당 현종玄宗이 즉위한 후에는 거란의 대추장 이실활李失活이 다시 반란을 일으켰다. 측천무후 때의 사정을 잘 알고 있던 현종은 무력 진압보다는 회유 정책을 택해, 이실활을 송막군왕행좌금오대장군겸송막도독松漠郡王行左金吾大將軍兼松漠都督으로 삼고, 그의 예하에 있던 8부 추장을 모두 지방 관직인 자사刺史에 임용했다. 그러나 이후에도 거란 내부의 권력 투쟁과 더불어 당에 대한 저항과 투항은 반복되었다.

'안사安史의 난'으로 혼란에 빠진 당은 지방 절도사들의 반란이 계속 이어지면서 몰락의 길로 접어들었고 당 황제가 회남절도사였던 양왕梁王 주온朱溫에게 양위함으로써 멸망하고 말았다(907). 당을 대신하여 후량後梁이 중국의 새로운 왕조로 자리잡았다. 바로 이 해, 거란에서는 야율아보기耶律阿保機가 8부의 추대를 받아 팔부대인八部大人

의 자리에 올랐다. 야율아보기는 이로부터 9년 뒤에 정식으로 황제에 즉위했다(太祖 ; 916).

거란 태조는 수차에 걸친 내부 분열을 수습하여 권력 기반을 다졌고, 이를 기반으로 서방 경략에 나서 유주·진주 지역을 차지했다. 중국에서는 하동절도사 이극용李克用의 아들 이존욱李存勖이 후당後唐을 건국하고, 후량을 멸망시키는 혼란이 있었다. 이 시기를 틈타 거란 태조는 연남燕南을 공격했다(924). 이듬해에는 거란 태조의 둘째 아들 야율덕광耶律德光이 당항党項을, 소아고지蕭阿古只가 연燕 지역과 조趙 지역을 정벌했다(925).

내몽골 요나라 벽화에 보이는 거란인 요하 지역에 거주하던 거란족은 고구려와 중국 왕조의 지배를 받고 있다가 10세기 초 야율아보기가 등장하면서 강력한 국가로 성장했다.

거란 태조의 동방 경략—발해 멸망

연 지역과 조 지역 정벌로 서방 경략을 일단락 지은 거란 태조는 발해를 정벌하고자 했다.[1] 거란은 해奚와 습霫의 여러 부족과 귀부하지 않은 여진족까지도 귀부시켰지만, 발해만은 홀로 건재하면서 배후를 위협하고 있었다.

또 거란은 발해를 '누대의 원수'로 인식하고 있었다.[2] 당의 안동도호부 관할에 있던 이진충이 반기를 들었을 때, 인접해 있던 고구려 후예 대조영大祚榮 세력은 그 틈을 타 발해를 건국했다(698). 거란이 서방 경략의 일환으로 연남을 공격하고 있을 때, 발해는 요주를 공격하여 자사를 살해하고 주민을 빼앗아감으로써(924) 거란에 상당한 피해를 입혔다.[3] 인접한 국가였던 발해와 거란은 마찰이 잦

앉던 것이다.

거란 태조는 서방 경략에 나선 군대를 회군시킨 그 해 12월에 발해 정벌의 조서를 내렸다(925). 통상 12월이면 군대를 회군시키는 시기임에도 불구하고 군대 동원령을 내려 발해 정벌을 기습적으로 단행했다(926.1). 태조가 친정한 거란군은 발해의 부여성을 함락했고, 이어 수도 홀한성을 포위하자 발해왕 대인선大諲譔이 곧 항복하여 발해는 거란군 공격 16일 만에 멸망했다. 거란 태조는 연호를 천현天顯으로 고치고 발해 멸망을 후당에 알렸다.[4] 그리고 발해국을 동단국東丹國이라 고치고 황태자 배倍 : 突欲를 인황왕人皇王으로 삼아 관할토록 했다.[5]

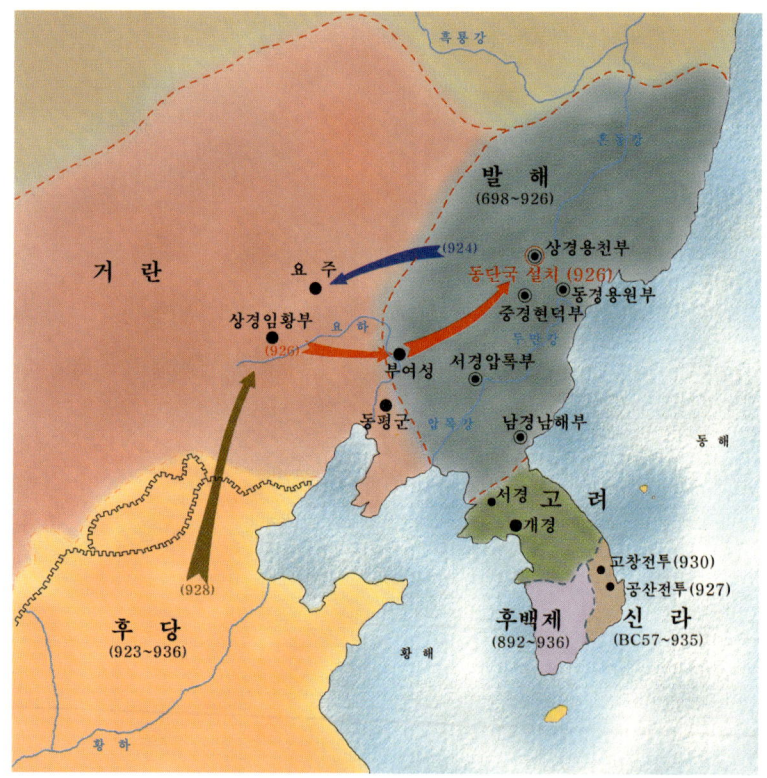

거란 태조의 발해 멸망 거란 태조는 서방 경략을 마친 시점에서 인접한 국가로 마찰이 잦던 발해 공격을 기습적으로 단행, 발해를 멸망시키고 동단국을 설치했다.

거란 태종의 즉위와 서방 경략

거란 태조 야율아보기는 수도 상경으로 돌아오는 길에 부여부에서 병사했고, 둘째 아들인 야율덕광耶律德光이 황후의 지원을 받아 즉위했다(太宗). 태자 돌욕이 동단국의 왕으로 있음에도 불구하고 둘째 아들이 황제로 즉위했던 것이다.[6] 왕위 계승을 둘러싼 갈등은 거란 황실 내부에 분열을 일으켜 거란 태종은 형 돌욕이 왕으로 있는 동단국의 수도를 요양으로 옮기고 백성들을 이주시켰다.[7] 이 과정에서 돌욕이 후당으로 망명하고[8] 동단국 백성 다수가 고려와 여진으로 도망하는 사태가 벌어졌다.[9]

거란의 2대 황제 태종 거란 태조의 둘째 아들 야율덕광이 2대 황제로 즉위함으로써 거란 황실 내부에 분열이 일어났고, 동단국 인황왕으로 있던 첫째 아들 돌욕은 후당으로 망명했다.

동단국 인황왕 돌욕을 망명시킨 후당 명종明宗은 대대적으로 군사를 일으켜 거란의 수도를 공격했다(928). 이 공격에 대응하여 거란 태종은 직접 군사를 이끌고 후당을 토벌하고자 했다. 그러나 후당이 사신을 보내 화친을 청하고 주위에서 신중론을 폈기 때문에 태종은 일단 군사를 거두었다.[10]

거란 태종은 후당의 이종가李從珂가 민제閔帝를 시해하고 황제에 오른 일을 구실로 삼아 후당 토벌을 천명하고(934)[11] 기회를 기다리고 있었다. 후당의 하동절도사 석경당石敬瑭이 정권을 탈취하려다가 역공을 당하자 거란에 도움을 청했다.[12] 거란 태종은 직접 군사를 이끌고 후당의 군대를 격파하고 석경당을 후진後晉의 황제로 추대했다(高祖; 936). 석경당은 그 대가로 지금의 하북성과 산서성 일대인 연운 16주를 거란에 할양했다.[13] 연운 16주를 할양받음으로써 거란은 중원 진출의 교두보를 마련했을 뿐만 아니라 후진에 우월한 입장을 확보할 수 있었다.

그러나 후진은 거란의 영향에서 벗어나 자립하고자 했고, 이는 석경당이 죽고 출제出帝가 즉위하면서 표면화했다. 출제는 거란에 석경당의 죽음을 알리는 국서에서 종전과 같이 '신臣'이라 칭하지 않고 '손孫'이라 칭했다. 거란이 이 문제를 힐난했지만 후진은 거란에 사대의 예를 취하지 않겠다는 의사 표시를 분명히 했다.[14] 이에 거란 태종은 후진을 공격하여 멸망시켰다(946). 후진을 멸망시킨 뒤 태종은 국호를 대요大遼로 고치고 연호를 대동大同으로 바꾸었다. 그러나 중원을 적절히 수습하지 못한 채 철군했기 때문에 중원이 다시 반란에 휩싸이게 되어 거란은 후진을 멸망시키고도 중원에 대한 지배력을 확보하지 못했다.[15]

거란 태종의 연운 16주 확보 거란 태종은 후당을 멸망시키고 후진을 세워준 대가로 후진 고조 석경당으로부터 연운 16주를 할양받음으로써 중원 진출의 교두보를 마련했다.

2. 고려의 건국과 서북방 경영

고려 태조의 청천강 진출

거란이 중국 오대 왕조와 각축을 벌일 즈음 한반도에서도 정세 변동이 일고 있었다. 신라는 명맥만을 유지하고 있었고, 견훤이 후백제를, 궁예가 후고구려(摩震·泰封)를 건국했다. 후고구려에서는 왕건이 궁예를 몰아내고 고려를 건국했다(太祖). 고려는 20여 년의 전쟁 끝에 신라 경순왕이 귀순하고 후백제를 멸망시켜 후삼국을 통일했다(936).

고려 태조 왕건 고구려 계승을 표방하여 국호를 고려라 한 태조는 즉위한 해부터 서경 경영에 착수했고 서경재성을 6여 년 만에 완성하여 서경을 서북방 경영의 중심지로 자리매김했다.

태조는 즉위하면서 고구려 계승을 표방하여 국호를 고려라 했다. 고려가 건국된 철원·개성 지역은 원래 고구려 영토로 있다가 신라에 병합된 곳이다. 신라는 당으로부터 대동강 이남 지역에 대한 영유권을 인정받았지만(735), 철원·개성 일대까지만 신라 영토로 관리되고 있었다. 그 후 신라는 패강진(浿江鎭; 평산)을 설치하면서(772)[16] 예성강 이북으로 일부 진출했지만, 신라 말까지 예성강에서 대동강까지는 방치 상태에 있었다.

태조는 즉위한 해부터 평양의 중요성을 역설하고[17] 평양을 대도호부로 삼고 사촌동생 왕식렴(王式廉)과 광평시랑(廣評侍郎) 열평(列評)을 보내 관리하도록 했다(918). 이듬해 평양을 서경(西京)으로 승격시킨 후, 인접 지역인 용강현·함종현 등에 성을 쌓도록 했다. 또한 태조는 서북방 지역을 순행하여 서경 지역의 축성을 격려했다(920).[18] 그리고 이 해에 여진의 침입을 받고 있던 골암진에 유금필(庾黔弼)을 보내 대성(大城)을 쌓도록 했다.[19] 또한 서경에 대대적으로 주민을 이주시키고[20] 관료를 추가 배치하면서[21] 서경재성(西京在城)을 쌓도록 명했고, 이 축성 공사는 6여 년에 걸쳐 완성되었다(928).[22] 이로써 서경을 서북방 경영의 중심지로 자리매김하면서 대동강 이남의 강역화가 완성되었다.

서경재성이 종료된 바로 그 해에 태조는 청천강 이남의 요충인 안주(안북부安北府)에 성을 쌓고 군대를 주둔시켜[23] 청천강 선으로 영토를 확장시킬 수 있는 발판을 마련했다.[24] 이후 940년까지 12년에 걸쳐 태조는 서경과 안북부 사이 지역, 즉 대동강과 청천강 사이 지역에 집중적으로 축성했다. 이 지역의 요충지인 숙주·순안·영유·개주·순주·성천·양덕·덕주·은주에 성을 쌓아[25] 강역화함으로써, 태조대에 영토는 청천강 선으로 확장되었다.

고려 태조대의 영토 확장 태조는 서북방 지역으로의 영토 확장에 주력, 신라 이래 대동강 선에 머물고 있던 영토를 청천강 선으로 확장시켰다.

발해인의 내투와 서북방 지역 정착

청천강 이남 지역의 축성이 진행되던 이 시기에 발해인의 내투가 대규모로 있었다. 이 시기의 발해인 내투는 크게 두 차례로 구분된다. 제1차 내투는 발해 멸망으로 대규모 유민이 발생하고, 2년 후 거란 태종이 동단국 백성을 요양부로 이주시키는 과정에서 다시 대규모 유민이 발생함으로써 이루어졌다. 제2차 내투는 압록강 서편에 세워졌던 발해 계승국인 후발해가 멸망하고(934) 정안국이 건국되면서 후발해 세자 대광현大光顯이 수만 명을 이끌고 오면서 이루어졌다.[26]

고려는 내투한 발해인을 서북방에 생활 근거지를 마련해 주어 정착시켰다. 발해인은 압록강으로부터 청천강 이북 지역에 정착했고, 청천강 이남 지역 축성이 활발한 시기에 내투했기 때문에 이 지역 축성 사업에 참여하면서 청천강 이남 지역에도 정착했다.[27]

내투한 발해인의 서북방 지역 정착은 당시 후백제와의 전쟁에 전력을 기울여야 했던 고려에게 큰 도움을 주었다. 고려는 후백제와의 공산公山·대구 전투에서 대패하여 신숭겸申崇謙·김락金樂이 전사하고 태조 자신은 가까스로 몸만 빠져 나와야 할 만큼 막대한 피해를 입었다. 그런데 불과 2여 년 후에 고창古昌·안동 전투에서 대승을 거두어 전세를 역전시켜 후삼국 통일의 결정적인 발판을 마련할 수 있었다(930). 고창 전투의 승리에는 현지 호족들의 협조도 작용했지만, 발해 유민의 정착으로 서북방 지역이 안정되었던 것은 고려가 후백제와의 전쟁에 보다 많은 군사력을 투입할 수 있었던 배경이었다.

실제로 서북방 지역에 정착한 발해인의 규모와 활약은 대단했다. 1차전에서 거란이 안융진을 공격했을 때 이를 막아낸 중랑장 대도수大道秀는 후발해 세자 대광현大光顯의 아들이었고,[28] 2차전 때 보주(의

발해의 격구 도용 고려는 내투한 발해인을 서북방 지역에 정착시켰고 발해인은 청천강 이남 지역의 축성 사업에 참여함으로써 후백제와의 전쟁에 전력을 기울여야 했던 고려에 도움을 주었다.

주)에서 전사한 대장군 대회덕大懷德도 발해 유민이었다.[29] 또한 고려 장수는 물론 발해 출신 장수 휘하에는 발해 유민들이 많이 편성되어 있었다.[30] 거란은 2차전 후 획득한 발해 포로들로 동경요양부 관할의 영주寧州와 태조가 발해를 멸망시키고 설치했다가 폐지된 귀주歸州를 다시 설치했다.[32] 거란이 발해 유민 포로들로 2개 주를 설치했을 만큼 고려에 정착한 발해인의 수는 상당했던 것이다.

거란에 대한 적대감이 높았던 발해인을 대규모로 서북방 지역에 정착시키고 발해 지배층을 고려의 중앙 관료로 편입한 것은 고려 내부에 반거란 감정을 조성했고, 이는 후일 태조의 대거란 단교 조치의 배경으로 작용했다.

3. 고려·거란의 외교 마찰

고려·거란의 초기 외교 관계

거란은 후삼국으로 재정립된 한반도 각국에 사신을 파견하여 우호적인 관계를 유지하고자 했기 때문에[33] 초기 고려와 거란의 관계는 우호적이었다. 고려와 거란 사이에는 사신 교환이 연례적인 수준은 아니어도, 일정한 주기로 이루어지고 있었다.[34]

이러한 고려·거란의 친선 관계는 발해 멸망 이후 변화하기 시작했다. 거란은 발해를 멸망시킨 후에도 고려에 계속 사신을 파견했다. 거란 태종은 사신을 보내[35] 고려의 후삼국 통일을 축하했다(937). 또 거란은 후진의 황제를 책봉하고[36] 연호를 천현天顯에서 회동會同으로 개정한 후,[37] 이를 과시하기 위해 고려에 사신을 보내기도 했다 (939).[38]

그러나 이 시기에 고려는 거란에 사신을 파견하지 않았다. 이는 발해 멸망 후 내투한 발해인을 수용함으로써 고려에 반거란 감정이 형성되어 있었는데다가 고려가 중국의 역대 국가들에 사대 외교를 펴고 있었기 때문인 것으로 보인다. 고려는 거란 태종이 후당 토벌을 공언한 바로 그 해에 후당의 연호를 사용하면서 사대 외교를 시작한 입장이었다(934). 그러나 고려는 거란에 적대적인 태도를 표명하지도 않았다. 발해 멸망 이후 고려는 거란과의 관계에 수동적·소극적으로 대처하고 있었고, 이에 반해 거란은 고려에 비교적 적극적인 교류 의지를 보이고 있었다.

고려 · 거란의 외교 마찰 – 만부교 사건

거란과의 교류에 소극적이었던 고려는 후삼국 통일 후에는 거란에 적대적인 입장으로 선회한 것으로 보인다.

통일 전쟁을 끝낸 고려는 서북방 경영에 보다 관심을 기울이면서 고구려 고토를 회복하고자 했다.[39] 또한 서북방 지역에 정착한 발해인과 중앙 관료로 편입된 발해 지배층이 조성한 반거란 감정이 더욱 고조되었다. 그리고 고려는 후삼국 통일 후 후진에 사대 외교를 시작했는데(938), 사대국인 후진의 반거란 감정도 고려에 영향을 미쳤던 것으로 보인다. 통일 전에는 후백제와의 전쟁이 가장 중요한 현안이었으므로 고려는 거란과의 문제에 소극적이었지만, 통일 후에는 거란과의 관계를 재정리해야 할 입장이었다.

942년, 고려 태조는 거란에서 온 사신을 귀양 보내고 예물로 보낸 낙타를 굶겨 죽이는 만부교 사건으로 거란에 대한 적대적 입장을 표면화했다.

거란이 사신을 보내어 낙타 50필을 선물하였다. 왕은 거란이 일찍이 발해와 화약을 맺고 있다가 갑자기 의심하여 딴 마음을 품고 맹약을 배반하고 멸망시켰으니 이는 매우 무도한 일로서 멀리 약속을 맺어 이웃으로 삼을 수 없다고 하여 마침내 교류를 끊고 그 사신 30인을 해도로 귀양보냈으며 낙타는 만부교萬夫橋 아래에 묶어두니 모두 굶어죽었다.[40]

사신을 돌려보내지 않고 귀양 보낸다는 것은 외교 관계에서 매우 극단적인 조치로 상대국과의 전쟁도 불사하겠다는 강경한 태도이다. 태조는 거란과의 전쟁도 불사하겠다는 입장으로 만부교 사건을 일으켰던 것이다.

외교 마찰 후의 고려 · 거란 · 중국의 관계

만부교 사건 이후 태조는 후진에 거란 협공을 제의했다. 태조는 말라襪囉를 통해 발해가 고려와 혼인한 사이이고 거란이 발해왕을 사로잡아놓았으니 협공을 취하자고 제의했다.[41] 그러나 후진의 고조는 고려 태조의 제의를 수용하지 않았다. 고려 태조의 만부교 사건과 후진에의 거란 협공 제의는 고려와 거란 사이의 긴장을 고조시켰지만 무력 충돌로 비화되지는 않았다.

거란에 사대하던 후진은 고조에 이어 출제가 즉위한 후에는 독립적인 입장을 표명했다(943). 거란이 반발하자 후진은 새로운 황제가 즉

고려 태조 현릉 고려 태조는 거란에서 온 사신을 귀양보내고 예물로 보낸 낙타를 굶겨 죽이는 '만부교 사건'으로 거란에 대한 단교 조치를 단행하고 후진에 거란 협공을 제의하여 거란에 대한 적대적 입장을 표면화했다.

위한 만큼 선제先帝, 곧 석경당의 경우처럼 거란에 사대하지 않겠다는 입장을 분명히 했다. 이로 인해 거란과의 충돌이 가시화되자, 이번에는 후진이 고려에 거란 협공 의사를 타진해 왔다. 그러나 거란 협공을 의논하러 온 후진 사신은 고려의 군사력이 현실적으로 거란을 공격할 수 있는 수준이 되지 못한다고 파악했다.[42]

거란은 태종의 죽음 이후 대외 진출을 주도할 만한 강력한 황제를 세우지 못하고 있었다. 태종에 이어 즉위한 세종은 과거 후당에 망명했던 인황왕 돌욕의 아들로, 태종이 죽자 기습적으로 황제가 되었고 권력 기반이 취약했다.

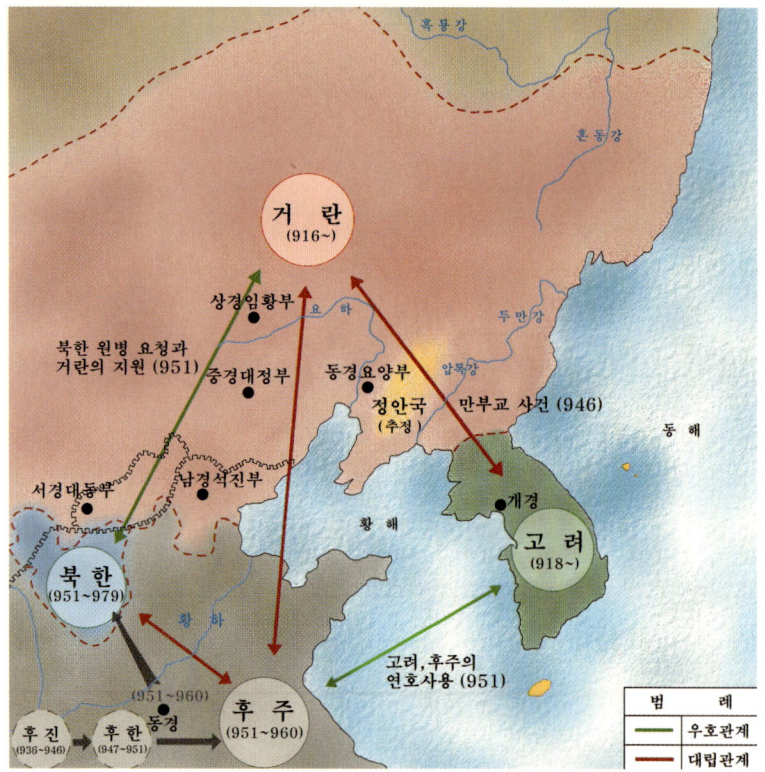

만부교 사건 후 동북아시아 정세
만부교 사건 후 950년대의 동북아시아 정세는 고려와 거란은 대립 관계, 거란과 중국은 대립 관계, 고려와 중국은 우호 관계를 유지하고 있었다.

중국에서는 후진이 멸망한 후 후한後漢이 건국되었으나, 곽위郭威가 4년 만에 후한을 멸망시키고 후주後周를 건국했다(951). 또 후주에서는 내분이 일어나 유숭劉崇이 하동에서 자립하여 북한北漢을 세웠으나(951) 후주에 대적할 만한 힘이 없었다. 후주의 공격을 받은 북한은 거란에 원병을 청했다. 서방 경략을 통해 자신의 입지를 강화하려던 거란 세종은 후주 공격에 나섰으나 진중에서 시해당했다(951; 穆宗 즉위). 그러나 이후에도 북한은 후주의 공격을 받으면 거란에 원조를 요청했고 거란은 원병을 보내곤 했다.

북한을 사이에 두고 거란과 대립하고 있던 후주는 고려 광종의 작위를 특진검교태보特進檢校太保에서 개부의동삼사검교태사開府儀同三司檢校太師로 올려주는(956) 등 고려와는 친선 관계를 유지하고 있었다.

조광윤趙光胤이 후주의 황제를 폐위하고 자립하여 송宋을 건국했다(960). 송은 주변의 번진藩鎭들을 통합하면서 북진 정책을 추진하여 거란이 확보한 연운 16주를 탈환하고자 했고, 이를 위해 거란과의 사이에 위치한 북한을 멸망시키고자 했다. 송이 거란으로 가는 요충인 익진관益津關에 축성을 시도하자 거란군이 출병하여 저지하는 충돌이 있었다(963).[43]

거란에서는 목종이 사냥을 나갔다가 근시近侍들의 모반으로 시해되고 세종의 둘째 아들 야율현耶律賢이 즉위하는 내란이 있었다(景宗; 969). 경종이 즉위하면서 거란과 송은 일단 화친 관계로 돌아섰다. 송 태조는 거란에 화친을 청했고 거란은 화친을 받아들였다(974).[44]

그러나 송은 북한을 공격했고, 북한의 요청을 받은 거란은 원병을 보내 송의 공격을 막아주었다(976).[45]

송 태조 조광윤 중국 5대 10국의 분열을 통일한 송 태조는 북진 정책을 추진하여 거란이 확보한 연운 16주를 탈환하고자 했다.

3년 후 송은 북한을 공격했고 송과 거란은 다시 충돌했다(979). 이 전투에서 거란은 대패하여 익왕冀王 적열敵烈 등 다수의 장수가 전사하고 병사의 피해도 막심했다.[46] 송은 여세를 몰아 계속 공격하여 북한을 멸망시켰다(979).[47] 북한을 멸망시킨 송은 곧바로 거란을 공격했다. 초기 전투에서는 송이 우세했으나, 거란의 반격으로 송 태종이 겨우 몸만 빠져나올 정도로 대패했다.[48] 거란은 이듬해 다시 송을 공격했으나 얼마 후 경종이 죽으면서(980 ; 聖宗 즉위) 전쟁은 소강 상태가 되었다. 그러나 이미 북한이 멸망하여 완충지대 없이 국경을 맞대게 된 송과 거란은 언제든지 전쟁이 촉발될 수 있는 상황에 놓여 있었다.

960~970년대 동북아 정세 북한을 사이에 두고 팽팽히 대립하던 송과 거란은, 송이 북한을 멸망시키자 완충지대 없이 국경을 맞대게 되어 언제든지 전쟁이 촉발될 상황이 되었다.

4. 고려의 체제 정비와 방비 태세

국가 체제 정비

고려는 거란과 단교한 후 2년 만에 태조가 죽고 혜종이 왕위를 이었지만 재위 기간이 짧았다. 혜종에 이은 정종의 재위 기간도 짧았다. 정종에 이어 광종이 즉위한 후 국가 체제의 정비를 위한 개혁이 적극 추진되었다.[49] 광종은 노비를 다시 양민으로 되돌리는 노비안검법奴婢按檢法을 실시하여 공신 세력을 약화시켰다.[51] 이어 후주에서 귀화한 쌍기雙冀의 건의를 받아들여 과거제도를 실시하여 공신들의 정치적 비중을 줄이고 신진 관료를 대거 등용함으로써 왕권을 강화할 수 있었다.[52] 또한 국왕을 정점으로 하는 관료 조직이 정비된 것을 의미하는 관리의 공복公服을 제정했다.[53]

이러한 일련의 제도 시행은 기존 집권 세력에 대한 숙청을 수반하고 있었다. 매우 급진적이었던 광종의 개혁은 반발을 유발했다. 광종이 사망하고 경종이 즉위하자 광종대에 피해를 입었던 사람들의 복수를 가능하게 했다. 개혁과 보수의 정치적 파동을 겪으면서도 국가 제도의 정비는 꾸준히 진행되고 있었다. 국가에 복무하는 관료에게 토지를 지급하는 전시과田柴科의 실시는 고려의 체제 정비가 한 단계 진전되었음을 의미한다.

성종이 즉위하면서 고려의 체제 정비는 완비 단계에 들어섰다. 성종 개혁의 밑거름이 된 최승로崔承老의 시무책時務策은[54] 유교적 정치 이념에 입각한 중앙집권체제의 정비를 목적으로 하고 있었다. 이에 따라 지방의 주요 도시에 12목牧을 설치하여 외관을 파견하고 지방 향리들의 직함을 개정하고 각 군현에 공해전을 나누어주는 등 지방 통치

『고려사』 최승로 열전 고려의 국가 체제 정비는 광종 즉위 후 활발하게 진행되어 성종대에는 최승로의 시무 28조를 바탕으로 유교적 이념에 입각한 중앙집권체제를 정비하기에 이르렀다.

의 기반을 닦았다. 또한 과거제도에 국왕이 직접 시험하는 복시覆試를 처음으로 시행했다.[55] 이후 과거시험을 통한 관리들의 선발이 활성화되어 중앙 관료군을 형성할 수 있었다.

교육제도에 대한 정비도 진행되었다. 12목에 각각 경학박사와 의학박사를 설치하여 교육을 담당하도록 했고,[56] 중앙의 국립 교육기관으로서 국자감을 설립하여 교육체제를 확립했다. 이외에 권농 정책에도 힘써 지방 관리들에게 잡무를 없애고 권농에 힘쓸 것을 당부하는 교서를 내렸고,[57] 이어 무기를 녹여 농기구를 만들도록 했다.[58]

서북방 지역의 방비 태세 강화

정종은 서경에 왕성王城을 쌓도록 하여[59] 서북방의 여러 성을 통괄하는 중심지로서 서경의 위치를 더욱 강화했다. 정종은 태조대에 청천강 이남까지 진척된 축성을 청천강 이북 지역인 박주·영변으로 확장시켰다.[60] 또한 정종은 거란 침입에 대비하는 군사 증강 조치로서 30만 명 규모의 광군光軍을 조직했다.[61] 이는 후진 멸망에 따른 거란의 보복 공격을 염두에 둔 조치였는데, 전국적인 병력 동원 체제를 갖춘 것을 의미했다.

광종대에는 청천강 이북 지역에 대한 축성이 보다 활발해졌다. 박주·운주·태주·가주 등지에 집중적으로 축성하여,[62] 고려의 강역은 태주~가주 선까지 확장되었다. 이로써 광종대에는 청천강을 연하여 개주·안융진, 대령강을 연하여 태주·박주, 구룡강을 연하여 영변·운주에 구축된 성을 중심으로 자연스럽게 방어선이 형성되었다.

청천강을 연하여 방어선 형성 광종대에는 청천강을 연하여 개주·안융진, 대령강을 연하여 태주·박주, 구룡강을 연하여 영변·운주에 구축된 성을 중심으로 자연스럽게 방어선이 형성되었다.

경종이 즉위한 후 발해인 수만 명이 내투했다(979). 태조대 이후로 발해인의 내투가 없다가 이 해에 수만 명이라는 대규모 내투가 일어난 것은 거란이 야기한 정세 변동과 관계가 있다. 발해인의 제3차 내투가 일어난 해는 송이 북한을 대대적으로 공격하여 점령한 해다. 이로 인해 발생한 발해 유민이 대규모로 고려에 이동해 온 것으로 보인다. 이 때 내투한 발해인은 광종대 이후 진척된 청천강 이북 지역의 축성에 참여했을 것이다.

대중국 친선 외교

태조의 만부교 사건 이후 고려는 거란과는 단교를 유지하면서 중국과는 사대 외교를 했다. 태조에 이어 즉위한 혜종은 즉위 사실을 후진에 통보하면서 후진이 거란군을 격파한 것을 축하했고,[63] 이에 후진은 혜종을 책봉하고 많은 예물을 증여했다.[64] 혜종에 이어 즉위한 정종은 후진에 이어 건국된 후한의 연호를 사용했다(948).

광종은 중국이 후한에서 후주로 교체되는 과정에 맞추어 사대 외교를 폈다. 후주는 광종의 작위를 특진검교태보特進檢校太保에서 개부의동삼사검교태사開府儀同三司檢校太師로 올려주었다(956). 이 때 광종은 백관百官 의관을 모두 중국 제도를 따르도록 했고,[65] 후주와의 교역도 활발했다.

후주가 망하고 송이 건국된 뒤에도 고려의 사대 외교는 그대로 이어졌다. 경종이 즉위하자 송은 경종을 책봉했다.[66] 이 해는 송에서도 태조가 사망하고 태종이 즉위했는데, 고려에서도 즉위를 축하했다.[67] 또 김행성金行成 등을 송의 국자감에 입학시켰고[68] 송에 말과 갑병甲兵을 보냈다.[69]

성종은 송에 왕위 계승을 알렸고(982),[70] 이듬해 송은 성종을 책봉했다.[71] 또한 성종은 한수령韓遂齡을 송에 보내 방물方物을 바쳤고,[72] 송은 성종의 작위를 올려주었다(985).[73] 송은 이후에도 988년 · 989년 · 991년을 연속해서 성종의 작위를 높여주었다.[74] 고려는 사은謝恩의 사신을 보냈고, 이 과정에서 대장경 등의 문물을 도입하기도 했다.[75]

5. 거란의 동방 경략과 압록강 진출

거란의 요동 진출과 송의 거란 공격

고려가 거란과 단교한 상태에서 송과 친선 관계를 유지하고 거란과 송이 맞대결하고 있던 동북아시아의 대치 형태는 거란 성종이 즉위한 후에는 다른 양상으로 전개되었다. 거란 성종은 12세로 즉위했기 때문에 초기에는 모후 승천황태후承天皇太后 : 蕭太后가 섭정했다.[76] 이 시기에 거란은 대내 안정에 주력하여 그간의 내부 혼란을 정리했다.

대내 안정을 다진 후 거란은 동방으로 진출하고자 했다. 거란은 발해를 멸망시켰지만 거란의 지배력은 발해 영토의 서반부 지역에 미쳤을 뿐이고, 그나마 홀한성에 설치했던 동단국을 요양으로 옮겨야 했던 것은 발해 지역에 대한 지배력의 약화를 의미했다. 거란은 장악하지 못한 고구려 고토에 산재한 부족과 국가들, 즉 요동 지역의 여진과 정안국, 그리고 고려를 정벌하기 위한 동방 경략을 시작했다.

거란은 고려의 만부교 사건 이후 40여 년 만에 고려를 정벌하기 위해 동경유수 야율말지耶律末只 관할의 병마를 사열했다(983). 그러나 이 때의 원정은 요동 지역의 여진 정벌로 끝났다(984. 4). 이른바 제1

차 여진 정벌이다. 같은 해 고려 성종은 형관어사刑官御事 이겸의李謙宜를 보내 압록강 연안에 관성關城을 쌓도록 했지만, 압록강 연안에 거주한 여진의 공격으로 실패했다. 여진은 이겸의를 잡아갔고 고려군은 많은 피해를 입었다(984).[77]

거란의 요동 침공과 고려의 압록강 관방 설치 시도로 요동 지역의 여진은 거란과 고려가 연합하여 침공했다고 여겼다. 이에 여진은 급히 송에 고려가 거란 침공에 가담하여 협공했다는 목계木契를 보냈다(984. 5).[78] 송은 이듬해 한국화韓國華를 보내 고려가 거란과 밀약하여 여진을 공격한 것이 아니라면 송의 거란 원정에 군사 협조를 할 것을 종용했다(985. 5).[79]

고려는 비록 송에 사대하는 관계이지만 송의 요구대로 거란 원정에 동참할 수는 없었다. 이에 고려는 송에 사신을 보내 고려가 거란 침공에 가담했다는 것은 여진의 무고일 뿐 현실적으로 거란과의 통교는 요하와 압록강이 가로막혀 있어 불가능하다고 항변하면서[80] 송의 거란 협공 제의를 거부했다.

송이 고려에 군사 협조를 종용하던 무렵, 거란은 야율사진耶律斜軫을 도통으로 임명하여 다시 고려 원정을 준비했다(985.7). 그러나 이때의 원정도 여진 정벌에 그쳤다. 이른바 제2차 여진 정벌이다(985. 8). 앞서의 제1차 여진 정벌 때보다 대규모이고 본격적인 이 원정에서 거란은 요동 지역에 있던 정안국을 멸망시키고 이듬해 개선했다(986. 1).[81] 정안국을 멸망시킴으로써 거란은 압록강 연안에 진출할 수 있었다.[82]

거란이 요동 정벌에 주력하면서 남방 경계가 약화되자, 송이 거란을 대대적으로 공격하여 기주·탁주·고안·신성을 함락했다(986. 3).[83]

며칠 후 환주와 삭주가 송에 투항하면서 거란의 변방 방어선이 무너졌다. 그러나 7월로 접어들면서 전세는 역전되어 거란은 환주를 탈환했고, 이어서 송의 장수 양계업楊繼業을 삭주에서 격파했다. 부상을 입은 양계업이 사흘 만에 사망했고, 이 소식을 들은 각지의 송 군대가 성을 버리고 도망함으로써 거란의 승리로 끝났다.[84]

거란의 요동 정벌과 압록강 진출
980년대 거란은 요동으로 진출하여 제1·2차 여진 정벌을 단행함으로써 압록강 연안으로 진출, 고려와 대치하게 되었다.

거란이 승리하기는 했으나 이 때의 송의 공격은 거란으로서는 일대 위기였다. 거란은 언제든지 재개될 수 있는 송과의 전쟁을 대비하여 보다 강력한 전력을 구축할 필요가 있었다. 특히 거란으로서는 송과 교류하면서 배후를 위협하는 요동 지역의 부족과 국가에 대한 지배권을 보다 확실히 해둘 필요가 있었다. 거란이 요동 정벌을 마친 시점에 송이 거란을 공격한 것은 거란 변방의 지정학적 상관성을 잘 보여준다.

거란의 압록강 진출과 고려의 여진 축출

991년, 거란은 압록강 북안에 진출하여 위구 · 진화 · 내원의 3개 성을 수축하고 군사를 주둔시켰다.[85] 내원성은 압록강 북안에 위치하고 있어 거란으로서는 압록강 일대에 영향력을 미칠 수 있는 전초 기지였다.

종래 거란은 여진 등 주변 지역을 원정하고 돌아오곤 했을 뿐 축성하는 경우는 드물었다. 그러한 거란이 압록강 연안에 3개의 성을 수축한 것은 요동에 대해 간헐적인 정벌이 아니라 실질적인 지배력을 확보한 것을 의미한다. 이 조치로 여진은 거란의 영향권으로 편입되었다.[87] 압록강 인근의 여진이 거란의 세력하에 들어가면 다음 대상은 고려였다. 실제로 3개 성은 추후 고려를 침공하는 교두보가 되었다.[88]

거란의 압록강 연안 3개 성 수축으로 고려는 위협을 느끼지 않을 수 없었다. 고려 성종은 서경에 행차하여 서북방의 긴장 고조로 불안해하는 백성을 안정시켰고,[89] 압록강 연안의 여진을 백두산 밖으로 쫓아내어[90] 거란의 압록강 진출 의도를 막으려 했다.[91] 압록강 연안을 둘러싼 양국의 각축전은 2년 후 직접적인 무력 충돌로 발전했다. 993년 거란이 압록강을 도하하면서 시작되어 1019년 거란이 6번째로 압록강을 넘어 철군할 때까지 고려·거란 전쟁은 26년 동안 계속되었다.

제2장

전쟁 수행 여건

이 전쟁의 실체를 무엇을 기준으로 하여 볼 것인가 어떻게 싸웠는가 하는 전쟁의 실체를 이해하기 위해서는 전쟁 수행의 객관적 요소인 전쟁 지역의 지리적 환경, 즉 지형과 기상이 전투에 어떤 영향을 미쳤는지를 알아야 한다. 또한 전쟁 수행의 주체적 요소인 거란의 유목 생활을 바탕으로 한 원정 체제와 전투 방식, 그리고 고려의 농경 생활을 바탕으로 한 방비 태세와 전투 방식을 알아야 한다.

1. 전쟁 지역의 지리적 환경

"천시天時와 지형을 알면 승리는 가히 온전해질 수 있다."
— 『孫子兵法』 제10편 地形

"지리적 요소의 영향을 받지 않는 전쟁은 생각할 수 없다."
— 클라우제비츠, 『전쟁론』

"현대전에서 지형과 기상은 피아간에 동등하게 영향을 미치므로 이를 효과적으로 이용하는 것은 전승戰勝의 주요한 요건이 된다."
— 육군, 『지상작전』

전쟁 수행에서 지리적 환경이 얼마나 중요한지는 동서고금을 통해 강조되어 왔고 현대전에서도 매우 중요하게 고려되는 요소이다. 그러나 고려·거란 전쟁이 벌어졌던 10세기의 지리적 환경을 확인하기는 어렵기 때문에 현재의 자료를 기초로 당시 여건을 추정하고자 한다.

지형이 고려·거란 전쟁에 미친 영향

세계 전사상 지형이 전투에 영향을 미친 대표적인 사례로는 제2차 세계대전시 독일의 소련 침공을 들 수 있다. 당시 독일이 소련 침공에서 실패한 원인 중의 하나는 작전 지역의 지형적 특성을 간과한 데에 있었다.[1] 소련의 광대한 영토는 도로가 빈약하고 봄과 가을에는 진흙구덩이로 변하여 '진흙장군(General Mud)'으로 불리고 있었다.[2] 또 폭이 넓고 횡으로 발달한 돈강·볼가강 등 4대 강은 연속적인 방벽

(successive barrier)을 형성했고, 소택지와 울창한 삼림 지대가 넓게 분포하고 있었다.[3]

이러한 지형은 당시 독일군 특유의 전격전 수행을 곤란하게 했다.[4] 소련의 하천·삼림·소택지는 대규모 기계화 부대의 신속한 기동을 방해했고 잦은 도하 작전에 따른 부담을 가중시켰다. 독일은 소련의 지형적 조건을 간과했기 때문에 우수한 기계화 전력을 보유했으면서도 결국 패했던 것이다. 당시 독일군의 인명 피해 1,167,835명은 전쟁에 참가한 병력의 1/3에 해당할 만큼 막대했다.[5]

고려·거란 전쟁에서도 지형적 여건은 심대한 영향을 미쳤다. 전쟁 지역은 거란군이 동경 요양부에서 출병하여 압록강으로 이동해 온 요동 지역, 그리고 압록강으로부터 청천강·대동강을 거쳐 개경에 이르는 주 전장 지역인 한반도 서북부 지역이었다. 이 지역의 지형적 특징은 다음과 같다.

첫째, 지형의 대부분이 험준한 산악과 대소 하천으로 형성되어 있다. 동경 요양부에서 개경에 이르는 약 680여km의 구간에는 동서 방향으로 6개의 산맥(길림·장백·강남·적유령·언진·멸악산맥), 6개의 강(타이주호강·아이호강·압록강·청천강·대동강·예성강), 442개에 달하는 대소 하천이 산재해 있다. 대부분의 산지는 500~1,000m 이상의 험준하고 굴곡이 심한 산악으로 형성되어 있다. 산지에는 침엽수와 낙엽활엽수 및 칡을 비롯한 덩굴성 식물들이 서식하고 있어[6] 대단히 조밀한 삼림을 형성하고 있다. 또한 서해안으로 흐르는 대다수 강의 중상류 지역은 폭이 좁고 유속이 빠른 반면, 하류 지역은 유속이 느리지만 폭이 넓고 조수간만의 영향을 받는다.

둘째, 험준한 산맥과 하천의 영향으로 협곡과 굴곡이 심한 고갯길과 애로 지역이 많이 산재해 있다. 협곡의 좌우 능선은 경사가 급한 단애斷崖로 이루어져 있다. 도로는 통상 한쪽 능선의 급경사면이나 계곡 하단의 하천에 인접해 있으며 굴곡이 심하다.

셋째, 개활지는 일부 평야 지대를 제외하고 소규모로 형성되어 있다. 압록강 하류의 신의주평야, 청천강 유역의 안주평야, 대동강 유역의 평양평야가 발달해 있을 뿐이고 대부분의 지역은 개활지가 소규모여서 경작지와 촌락 형성이 제한된다.

이러한 지형적 특징으로 기병 위주의 거란군은 부대 기동과 보급 등이 불리했다. 제한된 단일 기동로를 이용함으로써 행군 대형은 길어지고 방향 전환이 곤란해질 수밖에 없었고, 험한 산악 지형을 극복하기 위해서는 경우에 따라서 사람과 말이 각각 물건을 메고 넘어야 하는 상황도 발생했을 것이다. 또한 기동로상의 대소 하천을 통과할 때는 다리를 놓거나 도하가 가능한 지역으로 우회해야 했고, 소규모로 형성된 경작지와 촌락은 거란군의 숙영과 휴식 여건을 제한하고 현지 조달에 의한 보급을 어렵게 했을 것이다.

반면, 고려군은 지형에 익숙했기 때문에 산악·강·하천을 장애물로 이용하고 험한 지세를 활용하여 산에 은거하면서 공격 부대를 습격하기에 용이했다. 요충지마다 쌓은 성을 근거지로 하면서 청야淸野 전술과 개문출격開門出擊하여 매복·습격하는 전술을 혼합 운용하여 효과적으로 방어할 수 있었다. 결국, 전쟁 지역의 지형은 공격하는 거란군보다 방어하는 고려군에게 상대적으로 유리한 여건이었다고 할 수 있다.

전쟁 지역의 지형적 특징 요동 지역과 한반도 서북부 지역은 험악한 산악과 대소 하천으로 형성되어 개활지는 적고 협곡·고개·애로 지역이 많아 기병 위주의 부대 기동을 했던 거란군에게는 불리하고 지형을 이용하여 방비 태세를 갖추고 있던 고려군에게는 유리했다.

한반도 서북부의 전형적인 산악 지형

기상이 고려·거란 전쟁에 미친 영향

기상이 전쟁에 결정적인 영향을 미친 사례로는 한국전쟁시 미 해병 1사단과 중공군 9병단 사이에 있었던 장진호 전투(1950. 11)를 들 수 있다. 당시 장진호 지역은 영하 20°C 이하의 혹한이 2주 동안 계속되면서 폭설이 내렸다.[7] 또한 강풍으로 눈보라가 심하게 몰아치면 앞을 볼 수 없을 정도였고, 대규모 적설은 도로의 교통을 며칠씩 마비시켰다.[8] 여기에 낮은 기온으로 호흡기 질환자와 동사상자가 다수 발생했고 이들을 치료할 수 있는 의약품마저도 얼어버렸다.[9] 결국, 이 전투에 투입된 미 해병 1사단은 총병력의 28%(7,234명)가, 중공군 9병단은 총 병력의 50%(5만~6만 명)가 혹한으로 인한 각종 비전투 손실을 입었다.

고려 · 거란 전쟁 당시의 기상 조건이 어떠했는지를 확인하는 것은 불가능하지만, 전쟁이 매번 겨울에 이루어진 점을 감안하여 최근의 통계 자료를 기초로 겨울의 기상 요소인 기온 · 체감 온도 · 일교차 · 적설 · 결빙이 전투에 어떠한 영향을 미쳤는지를 분석해 본다.

대륙성 기후 지대인 한반도의 겨울은 같은 위도상의 유럽에 비해 상대적으로 기온이 낮으며, 강한 북서계절풍으로 체감 온도는 더욱 낮아진다. 한반도 서북부 지역의 겨울 기온은 보통 영하 10℃에서 영하 20℃의 분포를 보이며, 체감 온도는 영하 50℃ 이하까지 내려가는 경우가 많다. 또한 이 지역의 평균 일교차는 10℃ 내외로 매우 크고 20℃가 넘어가는 경우도 있다. 주요 지역별 기온 현상을 정리하면 〈표 2-1〉과 같다.

〈표 2-1〉 지역별 기상 자료(평균 최저치 / 최고(저)치)

구분	지역	11월	12월	1월	2월
기온	요동	-2.2/-16.7	-9.4/-23.3	-14.4/-27.2	-11.1/-22.7
	청천강 이북	-0.6/-15.6	-7.7/-21.7	-11.1/-24.4	-8.3/-20.6
	청천강 이남	0.0/-14.4	-7.2/-21.7	-11.1/-25.6	-7.8/-21.7
일교차	요동	8.9/23.4	8.8/22.7	10.5/23.3	10.5/22.1
	청천강 이북	8.9/23.9	8.0/22.0	8.3/21.6	8.9/21.2
	청천강 이남	9.3/23.7	8.5/23.0	9.0/23.5	8.9/22.8
체감 온도	요동	-8.0/-51.0	-16.4/-58.0	-22.0/-56.0	-18.4/-50.0
	청천강 이북	-6.1/-45.2	-14.4/-56.8	-18.4/-61.2	-15.1/-55.0
	청천강 이남	-5.4/-43.3	-13.8/-57.5	-18.4/-61.3	-14.5/-54.4

적설 일수는 연평균 60~125일 정도이며,[10] 지역에 따라서는 겨울 내내 눈이 쌓여 있고, 적설량은 평균 30cm 이상이다.[11] 특히 산악 지대의 경우 국지적인 기상 이변으로 빈번하게 폭설이 내린다. 바람이 불면 능선 위에 내린 눈이 경사면을 따라 계곡에 쌓이게 되어 계곡은 능선보다 훨씬 많은 적설량을 보인다.

결빙은 10월 중순에 시작되어 이듬해 4월 중순까지 계속되는데,[12] 주요 하천의 결빙 기간과 두께는 〈표 2-2〉와 같다.

〈표 2-2〉 주요 하천의 결빙 기간

구 분	결 빙 기 간	결 빙 두 께 (cm)	
		12월	1월
압 록 강	12.20~4. 3(3개월 13일)	11~36	52~71
대 동 강	12.15~3. 23(3개월 8일)	4~18	35~44

이러한 기상 요소는 전투 수행에 영향을 미쳤다. 심한 일교차와 낮은 체감 온도는 동사자·동상 환자·호흡기 질환자를 많이 발생시키고 단기간에 치료하기도 힘들기 때문에 비전투 손실을 증가시킨다. 통상 사람이 추위에 견딜 수 있는 임계 온도는 영하 30℃이고[13] 이 때 노출된 피부는 5분 내로 동결된다.[14] 외부에 노출된 사람은 낮은 체감 온도로 인해 동사할 수 있고,[15] 일교차가 10°C를 넘어갈 경우 호흡기 질환 등 질병에 걸리기 쉽고 체력 소모가 많아진다. 또한 보통 30cm 이상의 적설량은 도보 행군을 불가능하게 하는데, 특히 계곡이나 낮은 지대는 바람으로 눈이 많이 쌓여 도보 행군이 더욱 어렵다.

동계 혹한으로 인한 피해 고려·거란 전쟁은 매번 겨울에 치루어졌다. 특히 주 전쟁 지역이던 한반도 서북부의 혹한은 거란군의 기동력을 둔화시키는 요인으로 작용했다.

 이러한 기상으로 인해 공격하는 거란군에게는 보급의 현지 조달 제약, 숙영 시설 설치의 제한, 방한피복 및 장비에 의한 휴대품 증가, 체력 소모 증가에 의한 기동력의 저하 등 극복해야 하는 어려움이 많았다. 반면, 방어하는 고려군으로서는 준비된 성에 각종 방한 및 전투 장비와 식량을 확보한 상태였기 때문에 거란군보다 전투하기가 비교적 유리했다고 할 수 있다.

2. 고려의 전쟁 수행 태세

1) 고려 초기의 병제

중앙군의 발달과 편성 – 2군 6위

고려의 중앙군인 2군軍 6위衛의 기원은 고려가 일리천一利川에서 후 백제와 전쟁을 벌이기 위해 부대를 편성한 데 있는 것으로 파악되고 있다. 당시 고려는 우천군祐天軍(1천)·천무군天武軍(1천)·간천군杆天 軍(1천)을 중군中軍으로, 지천군支天軍(1만)·마군馬軍(1만)을 좌강左 綱으로, 보천군補天軍(1만)과 마군馬軍(1만)을 우강右綱으로 각각 편성 했다.[16] 이 중 중군이 2군으로 이어지고, 좌강과 우강이 6위로 이어지 는 것으로 이해했다.[17]

2군은 3천 명 규모로 응양군鷹揚軍과 용호군龍虎軍으로 구성된 국왕 의 친위 부대였다. 2군에 소속된 장군들의 직함에 근장近仗이나 친종 親從이라는 칭호를 붙여 사용한 것이나[18] 고려 후기에 용호군이 친어 군親禦軍으로 개칭되는 것 등을 통해 친위 부대임을 알 수 있다.[19] 또 한 고려가 후백제와 일리천에서 전투를 벌일 때의 중군 규모가 3천 명 이었음을 감안하면, 고려 초기의 친위군 규모는 3천 명 내외였을 것이 다. 2군은 현종이 거란과 3차전을 치루면서 전쟁 중에 발생한 김훈· 최질의 난을 겪는 과정에서 친위 부대를 재정비할 필요에 의해 대폭 보강된 것으로 보인다.[20]

6위는 목종대 제정된 전시과에서 언급되고는 있지만, 성종이 초기 에 군제 개혁을 이룬 데 이어 관제를 대폭 정비하면서 성립했을 것으 로 추정된다.[21] 6위는 좌우위左右衛·신호위神虎衛·흥위위興威衛·금오위金吾衛·천우위千牛衛·감문위監門衛로 구성된 전투 부대였다.

좌우위·신호위·흥위위 3위가 보승保勝과 정용精勇으로 구성된 주력 부대로 6위의 총 병력 4만 2천 명의 75%인 3만 2천 명에 달했다. 이들은 평상시 수도 개경을 방비하고, 방수防戍라 하여 1년 단위로 변방 수비에 복무했고, 전쟁이 예상되면 출정군으로 편성되기도 했다.[22] 금오위는 개경 치안을 담당하는 부대로 7천 명 규모의 보승과 역령役領으로 구성되었다. 금오는 순찰과 포도捕盜의 기능을 나타내며 조선시대 의금부의 별칭이기도 했다. 역령과 해령海領으로 구성된 천우위는 왕의 행차를 호위하거나 행사에서 활동하는 의장대에 해당했다. 그리고 감문위는 도성과 궁궐의 방비를 담당한 1천 명 규모의 부대였다.

6위에 속해 있는 병종은 보승·정용이 주축을 이루며, 그 밖에 역령·해령·상령常領 등이 있었다. 이들의 정확한 역할은 분명하지 않다. 다만 보승은 보군步軍, 정용은 마군馬軍에 해당하는 것으로 보는 것이 일반적이다. 금오위에 속한 역령은 의미상 노역 부대를 가리키는 것으로 추측되고, 천우위에 속한 해령은 수상水上에서의 왕의 호위를, 상령은 그에 대응하여 육지에서의 왕의 호위를 담당한 것으로 보인다.

〈표 2-3〉 2군 6위의 구성

부대	병종별	규모	병력수
2軍	鷹揚軍	1領	1,000
	龍虎軍	2領	2,000
6衛	左右衛	保勝 10領 精勇 3領	13,000
	神虎衛	保勝 5領 精勇 2領	7,000
	興威衛	保勝 7領 精勇 5領	12,000
	金吾衛	保勝 6領 役領 1領	7,000
	千牛衛	常領 1領 海領 1領	2,000
	監門衛	1領	1,000
합계		45領	45,000

　2군 6위의 기초 단위 부대는 25명으로 편성된 대隊이고 그 지휘관은 대정隊正이었다. 2개의 대로 편성된 50명 단위의 부대가 오伍이며 그 지휘관은 오위伍尉 또는 교위校尉라 했다. 4개의 오로 편성된 2백 명 단위의 부대가 있었으나 그 명칭은 알려져 있지 않으며, 지휘관은 낭장郎將이었고 별장別將과 산원散員이 보좌했다. 그리고 낭장이 지휘하는 2백 명 규모의 부대를 5개로 편성한 천 명 단위의 부대로 영領이 있었는데, 그 지휘관은 장군將軍 또는 중랑장中郎將이었다. 이 영을 단위 부대로 하여 1개로부터 13개 규모로 각 군軍과 위衛를 편성했고, 그 지휘관은 상장군上將軍과 대장군大將軍이었다.

〈표 2-4〉 2군 6위의 부대 구조

부 대	병력 수/명	지휘관	품 계
隊	25	隊正	
伍(隊×2)	50	伍尉/校尉	정9품
? (伍×4)	200	郎將	정6품
		別將(보좌)	정7품
		散員(보좌)	정8품
領	1,000	將軍	정4품
		中郎將	정5품
軍·衛	1,000~13,000	上將軍	정3품
		大將軍	종3품

지방군의 발달과 편성―주현군·주진군

고려의 지방에 편성된 군대를 주현군州縣軍이라고 한다. 이 중 양계 (북계 : 서북면, 동계 : 동북면)에 설치된 주현군은 남도 지역의 군대와 구별하여 흔히 주진군州鎭軍이라 한다.[23] 주현군의 기원은 정종이 거란 침입에 대비해 각지 호족들이 보유한 병력을 바탕으로 조직한 30만 명의 광군으로 본다.[24]

남도 주현군을 구성하는 병종으로는 보승·정용·일품군一品軍이 있다. 보승·정용은 전투 부대로 해당 지역의 방어를 담당하거나 양계 변방의 수비를 담당했다. 일품군은 노역을 담당하는 부대로 보는 것이 일반적이다. 남도 주현군의 병력은 보승 8,601명, 정용 19,754명, 일품군 19,882명으로 모두 48,237명이었다.

고려의 양계 고려의 최전방 지역인 양계의 지방군은 남도의 주현군과 달리 주진군이라 했다.

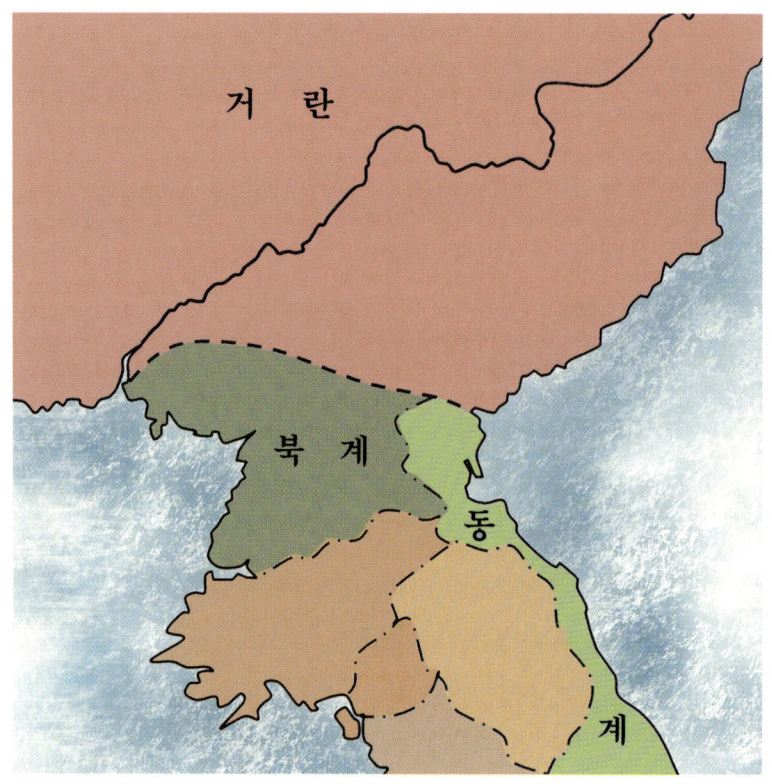

양계 주진군의 기원은 개정군開定軍에 있다. 고려 태조는 북계 골암성에 개정군 3천 명을 보내 수비하게 했고,[25] 안주에 성을 쌓고 박권朴權을 진두鎭頭로 삼아 개정군 7백 명을 인솔하여 지키게 했다.[26] 진두를 임명하여 개정군을 지휘토록 한 것을 볼 때, 개정군은 북계의 성에 배치되어 장기간 체류했을 것이다. 이 점에서 개정군을 주진군의 전신이라 볼 수 있다. 광군과 개정군을 모체로 한 주현군이 언제 제도적으로 편성되었는지는 명확하지 않으나, 고려의 지방 제도가 정비된 시기(1018)로 추정할 뿐이다.

북계 주진군에는 초군抄軍・좌군左軍・우군右軍・보창保昌의 기본 병종과 신기神騎·보반步班·백정白丁 등이 있었다. 동계 주진군에는 초군·좌군·우군·영새寧塞의 기본 병종과 공장工匠·전장田匠·투화投化·생천군䥫川軍·사공沙工 등이 있었다. 이들의 성격에 대해서는 잘 알려져 있지 않다.

이 중 초군은 경우에 따라 정용으로 나오는 경우가 있어 정용과 같은 성격의 부대로 보인다. 초군·좌군·우군은 마군馬軍과 노군弩軍이 편성된 주력 부대였다. 보창은 보병 부대로 추정되고 있으나 분명하지 않으며, 동계 주진군에 보창 대신 기재된 영새군은 보창과 같은 성격으로 추정된다. 북계 주진군의 신기와 보반은 의미상 기병과 보병으로 추정되지만, 앞서 열거된 병종과 어떻게 다른지는 알 수 없다. 백정은 일반 농민을 가리키며 현지 주민을 예비군 내지 노역 부대로 편성한 것으로 보인다.

양계의 방비군-주진군·방수군·출정군

고려의 양계는 북방으로부터의 침입에 대비하여 남도와는 다른 형태로 방비군을 편성했다. 평상시에는 주진군과 방수군으로 방비했고[27] 대규모 전쟁이 예상되면 전국적으로 동원하여 편성된 출정군을 파견했다.

주진군은 각 성별로 병종과 병력수가 규정되어 있었고, 북계에 배치된 군대의 규모는 10만 명에서 11만 명 정도로 추정된다.[28] 주진군의 지휘관은 도령都領으로서 1영領 이상의 부대가 있는 경우에는 중랑장 중에서 선임되지만, 부대 규모가 1영을 구성하지 못한 경우에는 낭장 중에서 선임되었다.[29]

방수군은 중앙군이나 남도의 주현군 중에서 차출되어 변방에서 1년 단위로 복무하는 군대였다. 규모는 그리 크지 않았고, 각 성에 모두 충원된 것이 아니라 주요 요충지에 배치되었을 것으로 보인다.[30] 방수군이 언제 설치되었는지는 알 수 없으나 현종대에 그 존재가 확인되고 있어(1014)[31] 일찍부터 방수군이 운영되었던 것을 알 수 있다. 방수군의 경우, 부대 규모에 따라 방수장군·방수중랑장·방수낭장 등을 지휘관으로 편성했다.

〈표 2-5〉 북계 4성 주진군의 지휘관

구 분	都領	中郎將	郎將	別將	校尉	隊正
龜州城(1,500간)	中郎將 1	2	6	14	28	57
寧州城(925간)	中郎將 1	假中郎將 1	郎將 6 攝郎將 3	13	26	53
猛州城(662간)	郎將 1		1	5	11	22
麟州城(1490간, 重城 55간)	中郎將 1	2	7	18	39	79

또한, 주진군과 방수군을 순찰 감독하고 제성諸城을 지휘하기 위해 동북면도순검사東北面都巡檢使와 서북면도순검사西北面都巡檢使를 각각 임명했다.

출정군은 중앙군과 지방군 중에서 동원하여 편성했다. 출정군은 중군·좌군·우군의 전형적인 삼군 형식으로 구성되었으나,[32] 삼군 이외에 전군前軍과 후군後軍을 두어 오군五軍으로 편성하기도 했다.[33] 출정군은 각 군마다 병마사가 임명되어 지휘했고, 각 군의 병마사를 총괄 지휘하는 총사령관으로 행영도통사行營都統使가 임명되었다.

출정군 편성의 사례로는 2차전시 참지정사參知政事 강조康兆를 행영도통사行營都統使로, 검교상서우복사상장군檢校尙書右僕射上將軍 안소광安紹光을 행영도병마사行營都兵馬使로, 소부감少府監 최현민崔賢敏을 좌군병마사左軍兵馬使로, 형부시랑刑部侍郎 이방李肪을 우군병마사右軍兵馬使로, 예빈경禮賓卿 박충숙朴忠淑을 중군병마사中軍兵馬使로, 형부상서刑部尙書 최사위崔士威를 통군사統軍使로 삼아[34] 운용한 것을 들 수 있다.

2) 성 중심의 방비 태세

서북방 축성과 다중 방어선 형성

고려 서북방의 주거 지역은 하천, 경작을 할 수 있는 공간, 타지역에 이르는 교통로가 발달된 곳 등 사람이 생활하기 편리한 곳에 형성되었다. 고려는 이렇게 형성된 주거 지역을 중심으로 성을 구축하여 유사시에 성 안에서 싸울 수 있도록 했다.

태조 초기에는 주로 대동강 지역에서 축성이 이루어졌다. 서경에 대대적으로 주민을 이주시키면서 서경재성을 쌓기 시작하여 6년 후에 완성했다. 태조 중기 이후에는 안주성을 구축하여 군사를 주둔시켜 청천강 이남 지역까지 영토를 확장할 수 있는 발판을 마련했고, 이후 대동강으로부터 청천강 사이 지역의 축성이 활발해졌다. 이후 광종대에는 청천강 북안의 가주·태주에 이르기까지 성을 구축했다.[36] 이 시기의 대동강에서 청천강 이북에 이르는 지역의 축성 사업은 거주하는 주민과 함께 이주해 온 발해 유민과 여진 등 북방민의 정착과 병행하여 진행되었다.

거란과의 1차전 후에는 거란으로부터 할양받은 강동 6주를 중심으

서북방 지역의 축성과 다중 방어선 형성 단계별로 진행된 고려의 서북방 지역 축성은 결과적으로 다중의 횡적 방어선과 여러 겹의 종심 방어가 가능하도록 자연스럽게 다중 방어선이 형성되었다.

로 압록강 인근의 귀주·안의진·홍화진까지 축성이 이루어졌다.[37] 2차 전 이후에도 용주·통주(선주)·철산 등지에 축성이 계속되었으며 전쟁 종결 후에는 북계와 동계의 성을 연결하여 천리장성을 완성했다.[38]

이처럼 고려가 건국 이후 서북방으로 영역을 확장하면서 구축한 성들로 서북방 지역에는 자연스럽게 다중 방어선이 형성되었다. 하천과 산맥을 연하여 대동강 선, 청천강 선, 가주~태주 선, 통주~귀주 선, 홍화진~안의진 선 등 다중의 횡적 방어선이 형성되었고, 청천강을 거쳐 개경에 이르는 교통로를 중심으로 하여 여러 겹의 종심 방어가 가능해졌던 것이다.[39]

성의 전술적 특징 – 요새형 산성

고려의 서북방 지역 성은 험준한 산악, 절벽, 하천 등을 활용하여 구축됨으로써 자연스럽게 방어력을 보장할 수 있는 요새형의 산성이었다.

고려의 성은 평상시에는 평야 지대에서 농사를 지으면서 거주하다가 유사시 들어가 싸울 수 있는 형태였다. 즉, 최소의 노력으로 최대의 방어력을 발휘할 수 있는 지역을 선정하여 주변의 주거·경작 지역을 효과적으로 방어할 수 있도록 산 정상의 능선과 계곡을 연하여 산성을 구축했던 것이다.

통상 둘레가 2km 내외였으나, 산봉우리와 골짜기를 포함하여 성을 쌓는 경우가 많았기 때문에 요새로서의 성격이 강했다. 고려 성의 특징을 근래 북한 지역에서 발굴 조사된 홍화진성과 곽주성을 통해 알아본다.

홍화진성은 평안북도 피현군 당후리에 위치하고 있다. 외성外城은 현종 이후 축조하기 시작하여 내성內城을 보호하는 기능을 담당했다.

흥화진성은 산의 남쪽 골짜기를 안에 넣고 주변의 봉우리들을 연결시킨 산성으로, 성의 동·남·서쪽은 삼교천이 자연 해자를 이루고 북쪽은 산으로 막혀 있다. 평면 구조는 남북이 긴 네모뿔형으로 둘레는 2,840m, 높이는 2~3m 정도이다.[40]

곽주성은 평안북도 곽산군 곽산읍 동북에 위치한 해발 412m의 능한산에 자리하고 있다. 북·동쪽 성벽은 자연 절벽을 이용하고 있으며, 서·남쪽은 경사진 능선을 따라 축성했다. 둘레는 2.8km, 높이 4~6m, 밑넓이 6m이다.[41]

이러한 고려 성의 특징은 고구려 성의 특징을 잇고 있는 것으로 보인다. 당 태종이 고구려를 정벌하려고 했을 때, 신하들은 고구려 성이

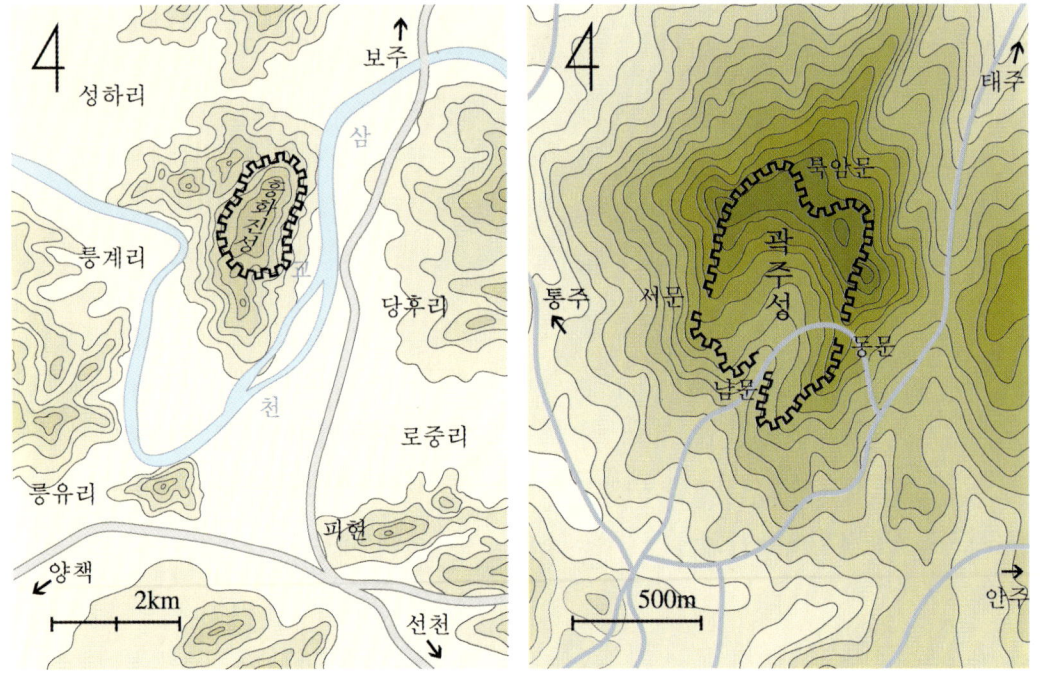

흥화진성(좌측)과 곽주성(우측)의 평면도 고려 서북방 지역의 성은 험준한 산악, 절벽, 하천 등을 활용하여 구축됨으로써 자연스럽게 방어력을 보장할 수 있는 요새형의 산성이었다.

산성이기 때문에 대군을 끌고 가서도 공략에 실패했다면서 만류했다.[42] 산성으로 구축된 고구려 성의 특징이 고구려의 영토였던 고려의 서북방 지역의 성에도 그대로 반영된 것이다.

성의 구조적 특징-생존성 보장

고려 성의 규모는 각 성에 따라 편차가 크지만 대체로 1.5km에서 2km정도였다.[43] 성의 규모가 그렇게 크지 않았던 것으로 보아 그 안에 주둔할 수 있는 군사도 많지는 않았을 것이다. 성곽이 대개 산정이나 계곡을 끼고 축조되었기 때문에 큰 규모의 성을 쌓기는 어려웠으나, 성안에는 군량을 비축할 수 있는 창고와 식수를 공급하는 우물 또는 개울이 있었다.

특히, 적의 공격에 대비하여 성두城頭와 차성遮城을 설치하여 효과적인 방어를 가능하게 했다. 성두는 치성雉城·곡성曲城 등으로 불리

고려의 성두와 차성 성두는 성벽에 접근하여 기어오르는 적을 보다 좋은 각도에서 공격하기 위한 시설물이고 차성은 성문처럼 격파되기 쉬운 시설을 보호하는 시설물이었다.

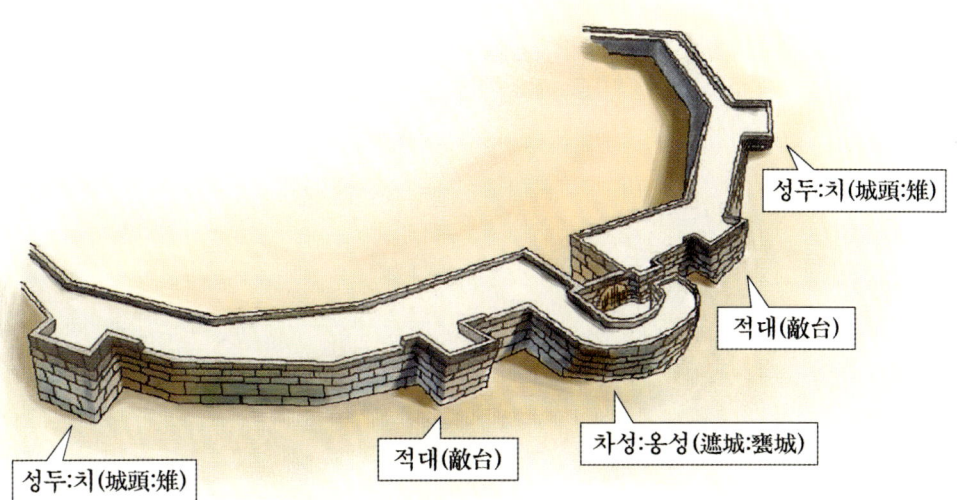

기도 한다. 성두는 성벽에서 적의 접근을 조기에 관측하고 전투시 성벽에 접근한 적을 정면 또는 측면에서 격퇴시킬 수 있도록 성벽의 일부를 돌출시켜 쌓은 구조물을 말한다.[44] 성문을 보호하기 위해 성문 좌우에 설치한 성두를 적대敵台라 하여 체성體城의 성두와 구분하기도 한다. 고려시대 축조된 성두의 규모는 정확하지 않으나, 현존하는 성두의 경우 종으로 5~8m 횡으로 4~6m정도이며 장방형 또는 반원형 형태이다.[45]

차성은 성을 가로막는다는 의미로 미루어볼 때 문을 가로막아 주는 옹성甕城과 같은 것으로 판단된다. 차성은 성문을 밖으로부터 보호하기 위해 외부에 설치한 이중 성벽을 말하는데, 차성의 형태는 삼국시대부터 나타난다. 적이 성문에 접근하여 성문을 파괴하려 할 때 문루와 차성 사이에서 협공할 수 있는 구조로 되어 있다. 사각형·반원형·특수형 등 그 형태가 매우 다양한데 일반적인 것은 반원형 차성이었다.[46]

성두와 차성의 중요한 특징은 성벽에 접근하고 기어오르는 적을 보다 좋은 각도에서 공격하고, 아울러 성문처럼 격파되기 쉬운 시설을 보호하는 것이다. 고려의 성에는 성의 수비를 위한 대표적인 방어 시설물이라 할 수 있는 성두와 차성이 매우 적극적으로 구축되었다.[47]

성 중심의 견벽고수 전법

고려의 방비 체계는 서북방 요충지에 구축된 성을 중심으로 형성되었기 때문에 성을 근거지로 하는 방어 전법을 기본으로 하고 있었다. 이러한 성 중심의 방어 전법은 견벽고수堅壁固守 전법이었다. 견벽고수 전법은 성을 근거지로 하면서 청야입보淸野入保 전술과 개문출격開

門出擊 전술을 유기적으로 결합하여 운용했다.

견벽고수는 '영성고수嬰城固守', '폐문고수閉門固守' 또는 '고수固守'라고 표현하기도 하는데, 모두 '성을 굳게 지킨다'는 의미이다. 지형의 이점을 최대한 활용하여 구축된 성곽에 무기·식량·식수 등을 준비한 상태에서 공격해 오는 적과 싸워 성을 지키는 것이다. 일반적으로 공격해 오는 적은 장거리 이동에 따른 피로 누적, 현지에서 조달하는 식량과 장비, 지형과 기상에 대한 대처 능력 등에 취약점이 있다. 이러한 적의 약점을 이용하여 적에게 심대한 피해를 주어 적의 공격을 저지·지연시키거나 성을 우회토록 만드는 것이다.[48]

이 전법은 적의 공격에 대하여 적의 전투력을 소모시키면서 얼마나 오래 버틸 수 있는가가 승패의 관건이었다. 따라서 성안에 충분한 식량과 물자 등을 마련해 놓고, 현지 조달에 의존하는 약점을 최대한 이용하여 적의 전투 지속력과 전투 의지를 조기에 약화시켜야 했다. 이러한 견벽고수 전법은 청야입보 전술을 병행할 때 효과적이었다. 청야입보는 말 그대로 들을 비우고 성에 들어가 지킨다는 뜻이다. 적이 현지에서 식량과 물자를 획득할 수 없도록 적의 공격 전에 성안으로 옮기거나 불태워 없애버리는 것이다.

또 성에서 적의 허점이 보이거나 혹은 성안의 사정이 여의치 않아 돌파구가 필요할 경우에는 성밖에서 공세적인 전투를 실시하여 적에게 피해를 가중시키기도 했다. 이러한 전술을 개문출격 또는 인병출격引兵出擊[49]이라 한다. 이는 성문을 열고 나가 기습하거나 매복하여 적의 전투력을 약화시키지만, 실패시는 아군의 피해도 크다. 따라서 개문출격은 적의 허점이 발견되어 큰 타격을 가할 수 있을 때 실시되었고, 더 이상 성을 지키는 것이 곤란한 시점에서 제한적으로 시도되기도 했다.

성 방어용 무기

고려시대 성 방어용 무기로 대표적인 것은 노弩 · 석포石砲 · 검차劒車였다. 노는 활의 일종이다. 일반적인 궁弓보다 정확하고 강력하여 원거리 사격이 가능한 무기였다. 고려 서북방 주요 성에는 노를 다루는 부대로 노대弩隊를 다수 배치했다. 이 무기가 원거리 사격용이라는

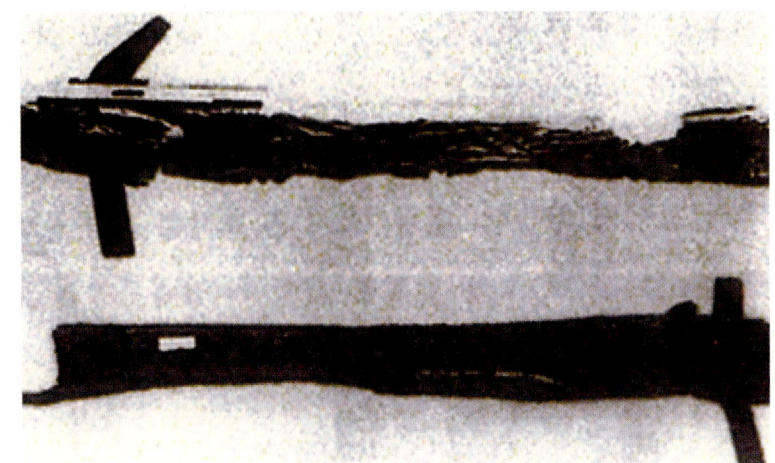

노 원거리 사격이 가능한 무기로, 성에 접근하는 적을 멀리서 제압하는데 활용되었다.

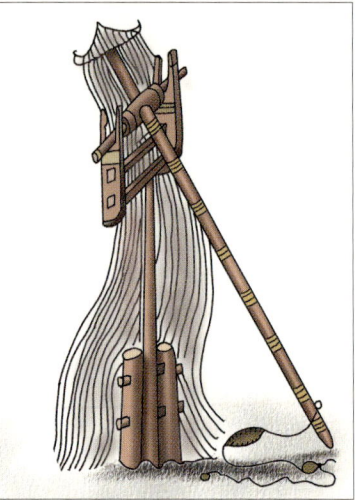

석포 장착된 수십 근의 돌을 날리는 무기로 성에 고정시켜 놓고 성에 접근하는 적군에게 피해를 입히는 무기였다.

점을 감안하면 성에 접근하는 적을 멀리서부터 제압하는 데 활용되었을 것이다.

석포는 화살 대신 돌을 날리는 무기이다. 성에 고정시켜 놓고 돌을 장착하여 날려 성에 접근하는 적군에게 피해를 입혀 공성을 막았다. 이 때 석포에 장착된 돌은 수십 근의 무게였다.[50]

검차는 수레에 다수의 칼을 장착하여 공격하는 무기이다. 성밖으로 출병하여 주로 적의 기병력을 약화시키는 무기였던 것으로 판단된다. 검차에는 길이가 9자가 되는 수레체에 예리한 칼날을 꽂고 방패를 설치했다.[51] 수레 높이를 감안할 때 장착된 칼은 말을 직접 가격하여 말을 놀라게 하거나 상처를 입혀 기병의 낙마를 유도했을 것이다. 검차는 고려·거란의 2차전시 삼수채 전투에서 강조가 사용하여 큰 성과를 거두었다.

검차 수레에 다수의 칼을 장착한 검차는 성밖으로 출병하여 적의 기병력을 약화시키기 위해 사용된 무기였다.

3. 거란의 전쟁 수행 태세

"거란의 옛 습속을 보면, 부유함은 말로 판단하고 강한 것은 병력으로 판단한다. 들판에 말을 놓아 기르고 백성을 병력으로 이용한다. 일이 있으면 전쟁을 하는데, 강건한 병사들이 명령을 내리면 바로 모인다."

—『遼史』 卷 59, 食貨志 序文

"유사시에는 공전攻戰을 임무로 삼고 한가하면 수렵을 생업으로 삼으니, 하루라도 영營을 세우지 않는 날이 없고 위衛에 있지 않은 적이 없다."

—『遼史』 卷 31, 營衛志

위의 기록은 유목 국가였던 거란이 강력한 군사력을 바탕으로 전쟁을 수시로 치루면서 세력을 확장할 수 있었던 거란 병제의 본질을 압축하고 있다. 거란은 평소에는 황제 호위와 수도 경비를 담당하는 상비 병력을 유지하다가, 필요시에는 출정 명령을 내려 모든 국민을 동원할 수 있는 체제로 군사력을 운용했다.

1) 거란의 병제

병민 일치

거란 병제는 병민일치兵民一致가 기본 원칙이었다. 15세에서 50세 이하의 모든 백성을 병적에 의해 관리했다. 전투를 담당하는 정군 正軍 1명, 보급을 담당하는 타초곡가정打草穀家丁 1명, 물품 관리와 운반을 담당하는 수영포가정守營鋪家丁 1명으로 구성된 3명이 1개 조를 이루어 3필의 말과 함께 단위 전력을 구성했다. 또한 사람마다 철갑 9벌, 말 고삐, 말의 철갑, 활 4개와 화살 400개, 기타 창과 도끼 등 무기와 말먹이를 포함해서 동원했기 때문에 전투에 임하면 즉각 싸울 수 있도록 휴대 장비와 보급품을 평상시부터 스스로 준비해야 했다.[52]

이 중 타초곡가정은 보급을 담당했는데, 거란군은 전투를 담당하는 인마人馬에게 식량과 마초를 지급하지 않고 매일 사방으로 나가서 스스로 조달하여 공급하도록 했다.[53] 수영포가정은 병영을 지키는 존재로 추정된다. 일체의 장비를 스스로 마련해야 했던 거란군의 물품을 휴대·운반·관리하고 배속된 말의 관리를 담당했던 것으로 보인다.

거란의 모든 국민은 그 자체가 군사 집단이었고 평시 유목 생활 자체가 군사 훈련이었다. 유목 생활에서 가축의 관리와 이동에 필요한 뛰어난 기마술을 익혔고, 사냥을 통해 기술과 조직력을 키웠던 것이다. 기마와 사냥에 익숙해진 장년층은 유사시 별도의 군사 훈련이 없이도 곧바로 군사로 전환될 수 있었다.[54]

거란의 이동 캠프 유목 국가였던 거란은 평시 유목 생활이 곧 군사 훈련이었다. 기마와 사냥에 익숙한 장년층은 유사시 별도의 군사 훈련이 없어도 곧바로 군사로 전환되었다.

전쟁 시기

유목 생활 습속과 병제의 연관성은 전쟁 수행 시기에도 영향을 미쳐 출정과 회군은 시기가 정해져 있었다. 거란군의 원정은 통상 9월에서 12월 사이에 이루어졌다.[55] 9월은 곡식 수확을 마치고 저장에 들어가는 시기로, 타초곡을 통한 현지에서의 식량 확보가 용이한 때이다. 또한 이 때는 방목했던 가축들을 모아 정주하여 사육하는 시기이므로 보다 많은 군사와 군마를 확보할 수 있었다.[56] 이 시기에 남쪽 지역은 개천·하천·수답지가 결빙되기 때문에 기마 부대의 기동력이 높아졌다. 12월에 회군하는 것은 다시 방목을 준비하기 위해서였다. 군사가 유목민이기 때문에 방목기가 되면 생업으로 돌아가야 했다. 이는 농경 국가에서 농번기가 되면 각종 요역을 중단하는 것과 같은 원리이다.

거란군과 그들의 막사 거란의 유목 생활 습속은 전쟁 시기에도 영향을 미쳐 거란군의 원정은 통상 9월에서 12월 사이에 이루어졌다.

2) 거란군의 편성

거란군 편성의 골격은 황제의 친위 및 호위 부대인 어장친군御帳親軍과 궁위기군宮衛騎軍, 친왕親王과 대신이 거느린 대수령부족군大首領部族軍, 부족 단위의 군대로 추정되는 중부족군衆部族軍에 있었다. 그리고 지방군 오경향정五京鄕丁과 거란에 사대를 취하는 주변 국가의 속국군屬國軍으로 구성되었다.[57]

어장친군

어장친군은 황제의 친위 부대로서 가장 정예한 병사들로 구성되었다. 여기에는 대장피실군大帳皮室軍과 속산군屬珊軍의 두 부류가 있었다. 대장피실군은 태종이 정예병을 선발하여 친위군으로 삼은 부대이고, 속산군은 태조비 술율태후述律太后가 섭정할 때 번蕃·한漢의 정예 군사를 뽑아 만든 부대이다.[58] 이들의 규모에 대해서는 이론異論이 있지만 5만 명 정도인 것으로 추정되고,[59] 병종은 기병이었다.

궁위기군

궁위기군은 황제의 호위 부대이다. 황제가 궁궐에 있으면 거처를 수비하고, 황제가 외부로 나가면 호위하며, 장례시에는 능을 지켰다. 이들 역시 정예 부대로서 우대를 받았고 항상 충분한 훈련을 통해 준비 태세를 갖추고 있었다.[60] 이들은 12궁宮 1부府에 배속되어[61] 각각 정정正丁·번한전정蕃漢轉丁·기군騎軍의 세 부류가 있었다. 병력 규모는 「병위지」와 「영위지」에 차이가 있으나, 「병위지」를 근거로 할 때 정정이 16만 명, 번한전정이 24만 8천 명으로 여기서 기군 10만 1천 명을 내게 된다.[62]

대수령부족군

대수령부족군은 친왕과 대신이 거느린 사병이다. 친왕과 대신은 원정시 지원하곤 했는데, 규모는 1천여 기騎에서 수백 명이었다. 또 국가의 군사적 요청이 있을 때는 3천 기에서 5천 기를 내었다.[63] 이들의 종류로는 태자군太子軍·위왕군偉王軍·영강왕군永康王軍·월왕군越王軍·마답군厤答軍·오압군五押軍 등이 있었다. 이들이 동원하는 병력 규모는 대략 4천 명 내외로 추산된다.[64] 이 병종은 부족 연합적인 성격을 띠고 있던 거란 체제를 반영하고 있다.

중부족군

중부족군은 대수령부족군의 대수령에 속하지 않는 나머지 부족 단위의 군대였다. 이 군대는 남부南府에 16개 부와 북부北府에 28개 부로 분속되어 있었는데, 병력 규모는 알 수 없다.[65]

오경향정

오경향정은 오경五京의 지역 단위로 편제된 지방 군대였다. 오경 중에서 상경 임황부, 중경 대정부, 동경 요양부는 당 이래로 거란이 영유하고 있던 곳이었다. 이 세 곳의 정수丁數는 226,100명으로, 번한호蕃漢戶가 다수를 차지하고 있었다. 남경 석진부와 서경 대동부는 원래 중국 땅이었지만 나중에 거란이 차지한 지역이다. 이 곳의 정수는 806,700명이다.[66] 원래의 거란호는 어장친군·궁위기군·중부족군에 속해 있고 나머지 번한호정蕃漢戶丁;蕃漢轉丁으로 분속된 자들은 여기에 속해 있지 않았는데,[67] 이들이 향정鄕丁으로 분류되었다. 향정은 지방의 민정을 군사적으로 편제하여 파악한 것이다.[68] 이들의 총수는

1,107,300명으로 되어 있는데, 오경향정 항목의 서문에는 1,032,800명으로 되어 있어 74,500명의 오차가 있다.[69]

속국군

속국이란 거란에 사대를 하는 주변 국가들을 칭하는 것으로,[70]「병위지」에는 59개 국으로 나타난다. 속국은 평시에는 조공을 바치는 관계이지만 유사시에는 사신을 보내 징병했다. 때로는 황제가 칙서를 내려 원정을 전담토록 하고 따르지 않으면 토벌하는 것으로 되어 있다.[71] 그러나 이는 거란의 입장일 뿐, 실제 59개 국가들이 거란에 군사적 원조를 했다고 볼 수는 없다. 거란이 주변 국가들에 사대 관계를 내세워 원병을 요구하는 것은 가능한 일이었지만 주변 국가에서 이러한 요구에 실제 응한 경우는 확인할 수 없다.[72]

3) 원정 형태와 원정군 편성

초기의 거란은 10부로 나뉘어 생활하다가 대규모 노역이나 정벌 등이 있으면 협의하여 행하는 부족 연합적인 성격을 띠고 있었다.[73] 국가를 수립한 이후에도, 각 부 단위로 군사력을 편성하여 원정에 참여했으므로 빠른 시간에 대규모 병력을 동원할 수 있었다. 원정 형태는 황제의 친정親征, 도통都統을 임명한 원정, 도통을 임명하지 않는 원정이 있었다.

황제의 친정

일반적으로 황제의 친정은 드물지만, 북방 유목 국가의 경우에는 황제의 친정은 흔한 일이었다. 황제의 친정은 정치 외교적 명분을 세워서 정복 대상국을 속국으로 만들려는 목적을 띠고 있었다. 친정할 경우 전국적인 동원 체제를 가동하여 대규모로 군대를 편성했다.

거란 황제가 친정한 사례로는 태조가 발해를 역대의 원수로 규정하고 행한 원정(926), 태종이 거란에의 사대 거부를 빌미로 행한 후진 원정(946), 성종이 강조의 정변을 명분으로 행한 제2차 고려 원정(1010)을 들 수 있다.

도통을 임명한 원정

중앙의 중신重臣을 도통으로 임명하여 원정군을 지휘하게 하는 방식으로 분쟁 지역에 투입되는 일반적인 형태이다. 대개는 훈척대신勳戚大臣을 도통으로 임명했다. 부대 규모는 15만 명 이상으로 한다고 되어 있다.[74]

도통을 임명하여 원정한 사례로는 제2차 여진 정벌(985), 제3차에서 제6차까지의 고려 원정(1014~1018)을 들 수 있다.

도통을 임명하지 않는 원정

도통을 임명하지 않고 특정 지방관에게 명하여 원정토록 하는 경우는 기병 6만 명 정도를 보냈다. 이 때 원정군은 적국 깊이 들어가지 않고 성을 공격하지 않으며, 벌목하지 않고 단지 300리 이내에서 마을을 불태워 농사를 짓지 못하도록 했다.[75]

도통을 임명하지 않는 원정 사례로는 송이 하북에 성을 쌓자 남경유수 지휘 하에서 실시한 송 원정(983),⁷⁶⁾ 동경유수가 지휘한 제1차 여진 정벌(984)과 제1차 고려 원정(993)을 들 수 있다.

4) 병력 동원 절차

출정 명령

출정 명령을 발동할 때는, 황제가 천지에 친제親祭한 후 근신近臣을 보내 제릉諸陵과 목엽산신에게 제사한 후 제도諸道에 징병을 명하는 조서를 보내는 순서로 진행되었다.⁷⁷⁾ 황제의 조서가 내려지면 징병을 시작하게 된다.

병부 발송

이렇게 징병을 명하는 조서가 내려져도 지역에 따라서는 바로 징병이 이루어지지 않고 병부兵符가 내려와 확인 절차를 거친 후에 이루어졌다.⁷⁸⁾ 병부는 자의적으로 출병하거나 황제명을 사칭하여 출병하는 것을 막기 위해 만든 표지였다.⁷⁹⁾ 둘로 나누어, 하나는 지방에 파견된 군사권자가 가져가고 하나는 중앙에 보관했다. 출병할 일이 있을 때 사신이 한 쪽을 가지고 가서 현지에 보관 중인 나머지 한쪽과 맞추어 보고 합치하면 출병 절차를 밟게 된다. 거란에서는 이를 금어부金魚符라 했다.

출정군 사열

징병을 명하는 조서가 내려오고 병부가 확인되면, 명령을 받은 지역의 군사권자는 군대를 소집하고 점검하는 작업에 들어갔다. 군대 점

검 과정은 다섯 단계로 진행되었다.[80]

1단계는 출정 조서가 내려온 후의 준비 단계이다. 이 때 병적을 검토하여 호마다 군정을 모으고 물자를 준비한다. 이와 더불어 기초 부대 단위로 인원과 장비를 점검한다.

2단계는 병부가 내려온 후 군대를 점검하는 단계이다. 먼저 병부를 받은 병마본사兵馬本司가 군대를 점검하고, 이어 병부를 가져온 사자가 함께 점검한 후에 그 결과를 황제에게 보고했다. 이러한 과정을 밟는 것은 병마본사와 사신을 상호 감독케 하여 자의적인 출병을 막기 위해서였다.

3단계는 황제가 군대를 직접 점검하고 부대 지휘관을 충원하는 단계이다. 먼저 징병된 군대의 내역을 확인하고 그에 맞추어 군주軍主를 임용하여 병마본사와 서로 감독하도록 한다. 병마본사가 징병의 담당관이라면 군주는 이들을 인솔할 지휘관에 해당한다.

4단계는 전군을 편성하는 단계이다. 먼저 오방五方의 기고旗鼓를 가져오도록 한다. 각 부대의 상징물인 기고를 모으는 것은 각지에서 징집된 군대를 총괄하는 편제가 이루어지는 것을 말한다. 이어 황제가 군대를 지휘하는 장교를 점검함으로써 군대의 편성은 마무리된다.

5단계는 원정을 이끌 책임자를 임명하는 단계이다. 이에 해당하는 직책은 행영병마도통行營兵馬都統·부도통副都統·도감都監인데, 훈척 대신을 임명했다.

5) 원정군의 공격 전술

행군 중 전투

거란군은 행군시 호가군護駕軍과 선봉군先鋒軍으로 구분된다.[81] 호가군은 원탐난자군遠探欄子軍과 연락 부대로 구성되었다.

호가군은 어가를 호위하는 군대라는 의미인데, 정예한 병사 3만 명으로 구성되었다. 선봉군은 호가군 앞에서 선봉 역할을 담당하는 군대로 사납고 용맹스러운 병사 3천 명으로 구성되었다. 원탐난자군은 정찰 부대로 선봉군이 진군하기 위한 상황을 정찰했다. 원탐난자군은 힘과 기동력을 필요로 했기 때문에 빠르고 용맹한 자들로 10여 명 정도 선발했다.[82]

연락 부대는 행군시의 선봉군과 호가군을 연락하는 역할을 했다. 각 부대에서 5~10명을 차출해서 편성했고 별도의 명칭은 없었다. 이들은 병마를 관리하고 공무를 연락했다. 거란군은 부대별로 흩어져 속전속결로 전투를 수행하므로 전투력의 근간인 병마의 종합적인 관리와 부대간의 연락이 중요했기 때문에, 이러한 임무를 전담하는 부대를 따로 구성한 것이다.

이러한 부대들의 행군간 운용과 구체적인 전투 기술은 거란 황제의 송 원정에 잘 나타나 있다.[83] 당시 거란 원정군은 3로路로 나뉘어 송의 영내로 진입했는데, 3로는 각각 광신군·웅주·패주를 경유하는 경로를 말한다. 이 중 어가는 반드시 중도中道를 거치고 병마도통兵馬都統과 호가군이 모두 따르도록 했다.[84] 이들은 송의 북경에 이르러 합세하여 공격과 철수를 함께 의논했다.[85]

호가군과 선봉군은 1로를 구성하여 원정 지역으로 이동한 것으로

원정에 나선 거란군 행군시 거란군은 호가군과 선봉군으로 구분되고, 호가군은 원탐난자군과 연락 부대로 구성되었다. 각 부대는 1로를 구성하여 행군하다가 고을의 크기에 대응하여 전투 전술을 구사했다.

보인다. 이동간에 선봉군이 각 로의 전후좌우 사면에 배치되고, 원탐난자군이 선봉군의 전후방 20리 지점에서 이동하게 된다. 이러한 부대 배치는 타국 영토로 진군하는 과정에서 예상되는 기습을 방지하기 위한 것이었다. 본대의 사방에 선봉군을 배치하고 다시 선봉군 전후에 원탐난자군을 배치하여 적의 정세를 사전에 탐지하고 방비할 수 있도록 한 것이다.

이 때 원탐난자군은 10리 또는 5리 단위로 진군하면서 적군의 존재를 파악하는 임무를 띠고 있었다. 발견된 적의 규모에 따라 3단계로 대응했다. 우선 적의 규모가 적으면 원탐난자군이 직접 공격했다. 다음에 10여 명으로 구성된 원탐난자군이 직접 공격하기 어려운 규모이면 3천 명으로 구성된 선봉군에 연락하여 함께 공격했다. 선봉군으로도 감당하기 어려운 대군이면 주수主帥, 즉 본대 지휘관에게 알리도록 했는데, 주수의 판단에 따라 총력으로 대응하거나 혹은 우회하게 된다.

각 로의 군대는 행군하다가 고을에 이르면, 고을의 크기에 따라 전투를 구사했다. 현·진은 규모가 작은 고을이므로 즉시 공격하도록 했고, 대주大州는 보유 군사력이 적지 않으므로 허실과 공격 순서 등을 살핀 후에 진격 여부를 결정했다. 이 과정에서 마을을 모두 불태우는 초토화 작전을 수행하여 적이 반격할 수 있는 여지를 없앴다.[86]

공성 전투

거란군은 행군하다가 성을 만나면, 성의 형세나 적군의 방비 정도에 따라 우회 통과하는 경우가 있고 성을 함락시키기 위해 공성 전투를 펴는 경우가 있었다.

중소 규모의 성을 공격하여 탈취를 시도했으나 탈취가 불가능할 때 지속적인 진군을 위해 우회하는 경우이다. 이 전술은 고려의 요새형 산성을 탈취하는데 실패한 거란군이 우회하여 진군한 데서 전형적으로 나타났다. 우회하는 경우 확보하지 못한 성을 고립시키는 작전을 썼다.

첫째, 성을 포위하고 위장 공격을 가하는 것이다. 이는 성내의 적군이 거란군 공격을 방어하기 위한 태세를 계속 갖추게 함으로써 피로하게 만들고 성을 나와 공격하기도 어렵게 하는 것이다. 둘째, 성 주변의 도로를 차단하여 고립시키는 것이다. 이는 다른 성과 연락하여 거란군을 협공하는 것을 방지하기 위한 것이다. 셋째, 야간에 성문의 양쪽에 매복을 두어 차단하는 것이다. 이는 성에서 군대가 나와 야간에 기습하는 경우나 다른 지역과 연락을 취하는 경우를 막기 위한 것이다. 보통 1백 명 정도의 군사를 배치했다가 성에서 적군이 나오면 공격하지만, 힘이 열세인 경우에는 무리를 모아 함께 공격하도록 했다. 넷째, 주변 교통망을 장악하는 것이다. 이는 외부에서 원병이 오는 길목을 차단하는 의미도 있고, 유사시에 거란군이 이동할 수 있는 기동로를 적에게 선점당하지 않도록 미리 확보하는 의미도 있다. 이를 위해 관도·지름길·산길·나루터 등 주요 교통로와 시설은 밤중에도 순찰하여 지키도록 했다.[87]

대규모의 성은 전쟁에 지대한 영향을 미치므로 반드시 탈취해야 하는 경우이다. 이 전술은 둘레가 20km에 달하는 중국의 대성을 공격할 때 전형적으로 나타났다.

먼저 공격 준비 단계이다. 흩어져 각자 임무를 수행하던 타초곡가정을 모아 대隊를 구성하여 주변의 숲을 제거하고, 노인과 어린애를 동원하여 성 주변에 파놓은 참호를 메우도록 했다. 이는 성을 공격하기에 앞서 거란군의 활동을 용이하게 하기 위한 조치이다. 경우에 따라서는 본국 주현에서 한인漢人들을 동원해 투입하기도 했다. 다음은 성벽을 오르는 단계이다. 노인과 어린애를 앞세워 오르게 하여 성 위에서 적의 공격이 가해질 때 정예 병사가 손상되는 것을 막아 전투력을 유지하기 위해서였다.[89]

대규모 적과 대치시 전투

대규모의 병력으로 진을 치고 결전을 해야 할 경우의 전투 요령은 다음과 같다.

전투 준비를 위한 형세 판단의 요건으로는 적의 진세의 대소, 주변 산천의 형세, 왕복하는 도로, 구원하는 지름길, 조운漕運이 나오는 곳 등을 중시했다.[90] 전투에 구사할 작전의 선택과 전투의 지속 여부를 판단하기 위해 감안해야 하는 이들 요건은 일반 전투에서 통상적으로 고려된다.

이러한 요건들을 고려하여 형세 판단을 한 후, 어떻게 적진을 사면에서 포위할 것인가에 대한 작전을 구상한 다음, 전투를 위한 부대 편성을 했다.[91] 거란군은 적진을 사면에서 포위 공격하는 것을 기본으로 했다. 이 때 5백~7백 명이 1대隊를 구성하고, 10대가 1도道를 구성했다. 그리고 10도, 곧 5만~7만 명의 군사가 각기 1면面을 담당하도록 했다. 그리고 각 면에는 주수가 임명되어 지휘했다.[92] 물론 당시의 상황에 따라 대나 도의 규모에는 차이가 있을 수 있다.

공격 기술은 제파 공격으로, 제1대가 공격하여 승기를 잡으면 일제 공격을 가하고 성과가 없으면 제2대가 공격하고 제1대는 돌아와 휴식을 취하도록 하는 방식이다.[93] 통상 2~3일 간 계속했다.

전투 중 각 부대 사이의 통신 신호 방법은 본국의 산천 이름을 이용했다.[94]

또한, 타초곡가정에 의한 기만 작전은 빠른 기동력을 바탕으로 한 거란군의 특징적인 전법의 하나다. 타초곡가정은 정군의 보급을 담당하는 군사이다. 그러나 이들은 때때로 적진으로 돌격해 먼지를 일으켜 적에게 아군의 수가 많은 것처럼 보이게 하거나 시야를 방해하고 갈증을 유발하여 적의 전투력을 떨어뜨렸다.[95]

제3장

제1차 전쟁

80만 거란군이 침공한 전쟁이었는가 거란은 발해를 멸망시키고 두 차례의 요동 정벌에 이어 압록강 연안을 확보했다. 이후 동북방 생여진의 남진을 차단하고 고려의 북진과 송과의 교역을 저지하기 위해 동경유수 소손녕으로 하여금 압록강을 건너 관할 지역을 확장토록 함으로써 제1차 전쟁이 일어났다. 한편, 고려는 서북방 경영으로 청천강 이북까지 성을 쌓으면서 강역을 확대하고 있었고, 거란 침공이 예견되자 서북방에 출정군을 투입하여 방비 태세를 갖추었다. 고려군과 거란군은 최초 봉산군 지역 전투를 치룬 후 곧바로 강화 교섭을 시작했다.

1. 전쟁의 배경

거란의 원정 목적과 침공 준비

거란은 홀한성(발해 상경)을 함락시켰으나 발해의 영토인 고구려 고토 전역에 대한 실제적인 지배력을 미치지는 못했다. 홀한성에 동단국을 설치했지만 동단국 수도를 동경 요양부로 이전해야 했다. 이후 거란이 길림산맥 · 장백산맥을 넘어 동쪽을 지배했다는 기록은 없다.

송화강 하류 지역과 두만강 유역에 걸쳐 생여진이 있었고, 요동 지역에는 숙여진과 정안국이 있었다. 이에 거란은 두 차례의 요동 정벌을 단행해 여진을 장악하고 정안국을 멸망시킨 후, 압록강 연안으로 진출하여 위구 · 진화 · 내원 3성을 수축했다(991).

고려는 거란과 50여 년 동안 외교 관계가 단절된 상태에서 대대로 후주 · 후진 · 송 등 중국과의 사대 관계를 유지했다. 또한 송은 거란을 공격할 때(986) 고려와 협공을 시도하기도 했다. 이러한 상황에서 거란은 고려의 북방으로의 영토 확장과 대송 교역을 차단하고, 요동 지역의 숙여진에 대한 확고한 지배력을 구축하고, 생여진의 남방 진출을 차단하기 위해 압록강 일대에 3개 성을 구축하여 전진기지화했던 것이다. 이후 거란 성종은 동경유수에게 고려 원정을 준비하도록 지시했고(992), 다음해에 압록강을 건너 고려를 원정토록 했다(993. 8).

고려의 전쟁 준비

거란이 압록강 연안에 3개 성을 구축하자 고려는 심대한 위협을 느꼈다. 고려 성종은 서경에 행차하여 불안해하는 백성을 안정시켰고 압록강 연안의 여진을 백두산 밖으로 쫓아냈다.

고려는 이미 안주를 중심으로 청천강 이북까지 영역을 확장하면서 주요 요충지에 성을 쌓아놓고 있었다. 당시 서북방 일대에는 전쟁 이전에 이미 62개소에 이르는 성이 신축 또는 개축되어 청천강을 중심으로 한 방비 태세가 갖추어져 있었다.

청천강을 연하여 개주성·안융진성을 구축했다. 청천강 이북 지역에는 대령강을 연하여 태주성·박주성을, 구룡강을 연하여 영변성·운주성을 구축했다. 또 서부 해안 지역의 교통로에는 박주성과 가주성이 안주에 이르는 종심을 유지하고 있었다. 내륙 지역의 교통로에는 태주성과 영변성이 개주성에 이르는 종심을 유지하고 있었다. 그리고 이 모든 성의 총지휘 사령부는 안주에 있었다.

여진을 통해 거란의 침공 준비 소식을 접한 고려는 서둘러 전쟁을 준비했다(993. 8). 당시 고려는 전국에 30만 명의 광군을 두고 있었는데, 거란의 침공 소식을 접하자 병마제정사兵馬齊正使를 파견하여 동원했다.[1] 이어 고려 성종이 직접 서경에 행차했고(993. 윤 8월), 안주까지 가고자 했다(993. 10). 성종이 안주까지 행차하고자 한 것은 전쟁을 총지휘하겠다는 의지의 표명이었다.

시중 박양유朴良柔를 상군사上軍使로, 내사시랑 서희徐熙를 중군사中軍使로, 문하시랑 최량崔亮을 하군사下軍使로 삼아 서북부에 배치시켰다(993. 10).[2] 이 때 주현군을 제외하고 출정한 병력 규모는 3만~6만 명 정도였던 것으로 보인다.[3]

제1차 전쟁의 개황 993년 10월 초 압록강을 도하한 거란군은 10월 말 봉산군 지역에서 고려군을 격파한 후 안융진 방면까지 진출했으나 안융진 전투에서 패배하여 더 이상 남진하지 못했다. 곧이어 강화회담이 타결되어 거란군은 철군했다.

2. 전쟁의 경과

거란군의 이동로

거란 원정군의 출발지인 요양부는 현재의 요녕을 말한다. 요양부는 한漢의 요동으로 본래 발해 땅이었다. 거란은 이 지역에 발해인과 한인漢人을 이주시키면서 동평군東平郡을 설치했다(919). 이어 발해를 멸망시킨 후 발해 상경에 설치했던 동단국의 주민을 이주시키고 남경南京으로 승격시켰고(928), 같은 해 동경東京으로 명칭을 바꾸고 요양부를 설치했다. 오경(東京·上京·中京·南京·西京) 중의 하나인 동경에서는 직접 관할한 6개의 현을 포함하여 소속된 26개 부府·주州·군軍·성城의 향정을 관리했다.

거란은 압록강 도하 지역인 보주에 내원성을 설치한 후 금金에 망하여 고려에 이전할 때까지 이 지역을 관할했다(991~1117). 보주 지역은 압록강의 전장 790km[4] 중 강 하구에 위치하여 서해의 조수간만의 영향을 받는다. 강 유역은 4~5km의 넓은 개활지에 3~4개의 지류가 흩어져 흐르고 있다. 따라서 강물이 분산되어 수심이 다른 지역보다 비교적 낮고, 주 지류의 강폭은 200~400m이고 기타 지류들은 100m 이내이다. 지류 사이에는 작은 섬들이 다수 있는데, 이 섬들은 홍수와 겨울의 유빙으로 형태 변화가 많다.

보주에는 압록강 하구에서 건널 수 있는 유일한 곳으로 나루터와 연계해서 구당勾當과 각장榷場을 설치했다. 구당은 거란으로 통하는 관문의 역할을 하도록 압록강변에 설치한 도강 업무를 맡은 관사였다.[5] 각장은 상호 특산물을 교환·구매하는 호시互市의 일종으로, 고려와 거란의 공적인 사신 무역 외에 사적인 무역이 이루어지던 곳이었다.[6]

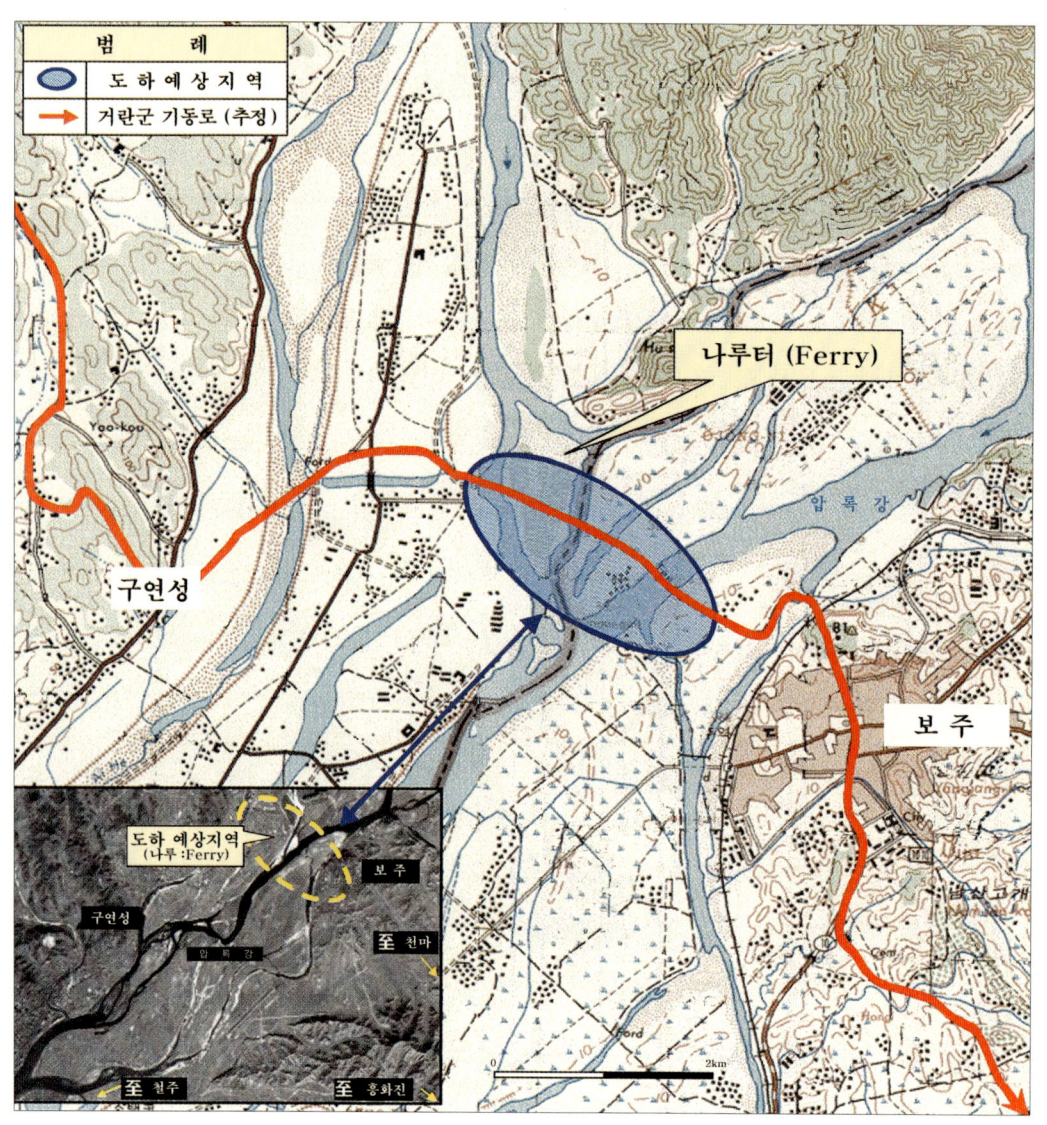

보주(의주) 지역의 지형 거란군의 압록강 도하 지역인 보주 일대에서 강을 건널 수 있는 곳은 나루터이며, 그 시기는 동계 결빙기와 갈수기였다.

또 나루터가 위치한 지역과 연계하여 성도 구축하고 부량(浮梁)도 설치했다.

보주 일대의 결빙 기간은 통상 4개월 정도이다. 조수간만의 영향으로 유빙 현상이 발생하여 완전 결빙 이전에는 강을 건너는 데 제약이 따른다. 또한 대부분 지역이 옥토·점옥토·점토로 되어 있어[7] 겨울에 땅이 얼어 단단해지기 전에는 도로로 이용하기 어렵다. 때문에 강을 건널 수 있는 곳은 바로 앞에 있는 나루터이다. 도섭이 가능한 시기는 동계 결빙시와 갈수기, 그리고 조수간만으로 물이 빠지는 시기였을 것이다.

압록강 거란은 보주에서 압록강을 도하하여 고려를 침공했다. 보주에 설치된 거란의 내원성은 거란이 금에 망한 후 고려에 이전되었다.

1차전 당시 동경 요양부에서 출발하여 보주에 도착하기까지의 거란군의 세부 이동로는 알려진 것이 없다. 전쟁이 일어난 10세기와 현재의 시차 때문에 현재의 지도만으로는 당시 상황에 대한 분석은 제한되지만, 거란군의 이동로는 대략 3개 정도로 추정할 수 있다.

첫번째는 요양에서 조두·통원보·봉황성을 거쳐 보주에 이르는 경로이고, 두번째는 새마집과 봉황성을 경유하여 보주에 이르는 경로이며, 세번째는 새마집과 관순을 거쳐 보주에 이르는 경로이다.

여기서는 가장 단거리 이동로이면서 병자호란시 청군의 이동로였던 심양·조두·본계·초하구·통원보·봉황성을 거쳐 압록강에 도달하는 이동로를 주로 이용한 것으로 보고 이를 중심으로 분석한다.[8] 이 이동로는 약 230km에 달하며 이동로의 90% 이상은 산맥 지역을 통과하고 있다.

요양과 인접한 길림산맥은 880~1,330m의 고지군으로 연결된 산맥이다. 안평으로부터 통원보까지 75km가 길림산맥 지역으로 전체 이동로의 33%를 차지한다. 이 지역에 도로는 600~1,190m 고지군 사이의 협곡과 능선을 이용하여 형성되어 있어 최고 500m 능선을 횡단해야 하고 협곡으로 형성된 구간이 52km나 된다.

특히 조두와 연산관 간의 30km 도로는 좌우 500~900m 높이의 고지군 사이에 형성된 깊은 협곡으로 굴곡이 매우 심하다. 협곡 좌우는 깎아지른 듯한 능선으로 사람이 이동할 수 있는 도로는 계곡 사이로 흐르는 개울을 따라 1~2부 능선상에 형성된다. 또한 협곡 안에서 1~2km 구간을 300m의 높이로 올라야 하는 급경사 고개가 곳곳에 위치하고 있다.

길림산맥을 횡단하기 위해서는 타이주호강과 지류 하천 9개소를 건너야 하고 애로 지역 15개소와 고개 9개소를 극복해야 한다.

압록강과 인접한 장백산맥은 600~1,550m의 고지군으로 연결된 산맥이다. 봉황성으로부터 압록강까지 45km의 장백산맥 지역은 이동 구간 전체의 19%를 차지한다. 이용할 수 있는 도로는 산맥 끝자락에 형성되어 있는데, 400~900m 고지군 사이를 통과하며 최대 500m 능선을 넘게 된다. 이 산맥을 횡단하기 위해서는 아이호강과 지류 하천 10개소를 건너야 하고 큰 고개 3개소와 애로 지역 5개소를 극복해야 한다.

993년 8월 동경 요양부를 출발한 거란군은 10월에 압록강에 도달했다. 대략 3개월이 소요된 셈이다. 이는 230km를 이동해야 하는 지형적 여건과 요동 정벌 이후 잔류한 여진의 저항이 거란군의 이동을 지연시켰을 것으로 보인다. 압록강 도하는 거란이 압록강 남쪽에 보주를 확보하고 있었기 때문에 가능했다.

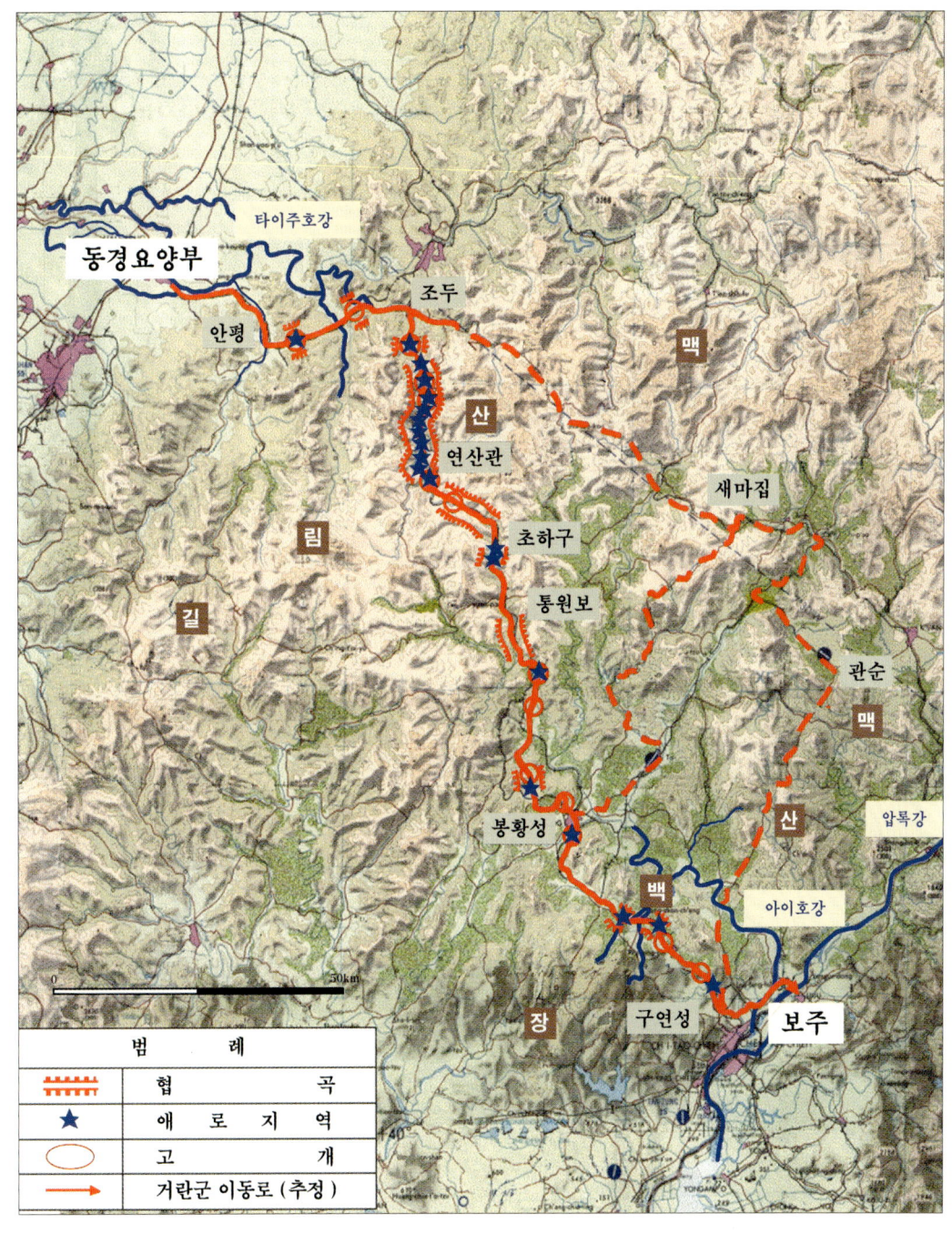

동경 요양부에서 압록강까지의 거란군 이동로 거란군은 요양에서 조두·통원보·봉황성을 거쳐 보주에 이르는 경로를 이용했던 것으로 추정된다.

〈표 3-1〉 동경 요양부 ~ 압록강까지의 거란군 이동로의 지형 분석

구 분	내 용
이 동 로	230km
산 맥	길림산맥 : 75km
	장백산맥 : 45km
협 곡	11개소 69km
강·하천	강 : 2개소(타이주호강,아이호강)
	하천 : 17개소
고 개	14개소
애로지역	23개소
개 활 지	22개소

봉산군 지역 전투

1차전에서 거란군이 압록강을 도하하여 최초로 전투를 벌인 곳은 봉산군蓬山郡이다. 봉산군은 현재의 평안북도 구성시 동남쪽 25리 지점인 기룡리 일대로 비정되고 있다.[9] 귀주에 인접한 봉산군은 귀주에서 정주에 이르는 교통로와 귀주에서 태주·박주에 이르는 교통로를 동시에 통제할 수 있는 요충지였다.

거란군이 봉산군 일대를 확보하면, 태주성을 거치지 않고 태주 남방으로 우회하여 박주 또는 가주 일대로 갈 수 있는 통로와 정주와 운전 방향으로 남하할 수 있는 통로를 동시에 확보할 수 있게 된다. 또한 봉산군 일대에는 귀주와 방현동 등 경작이 가능한 넓은 개활지와 대소 촌락이 형성되어 있어, 대규모 군사 집결이 가능하고 현지 식량 조달도 비교적 용이한 곳이다.

봉산군 일대는 성을 구축할 수 있는 지형이 아니었기 때문에 상주

제3장 제1차 전쟁

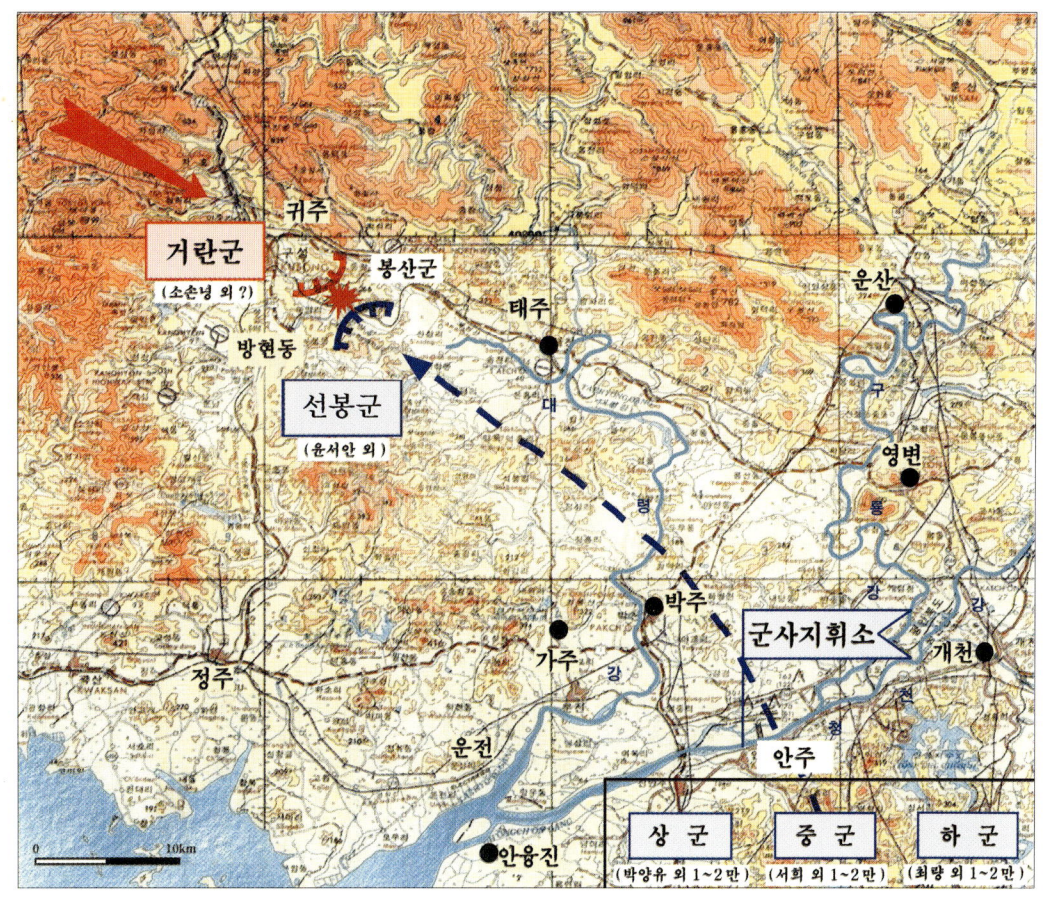

봉산군 지역의 지형과 전투 상황
봉산군은 압록강을 도하한 거란군이 고려군과 최초로 전투를 벌인 지역이다.
이 전투에서 고려군은 선봉장 윤서안이 사로잡히는 등 많은 피해를 입었다.

하는 주진군은 없었고 출정군의 선봉군이 윤서안尹庶顔의 지휘 하에 투입된 것으로 보인다.

봉산군 지역 전투는 993년 10월경에 전개되었다. 이 전투에서 거란군은 고려군 선봉장 윤서안을 사로잡고 고려군에게 많은 피해를 입혔다. 이로 인해 성종은 계획된 안북부 방문을 취소하고 서경으로 돌아가야 했고,[10] 중군사 서희를 봉산군에 투입했다.[11] 이후 고려군과 거란군은 1차전이 끝날 때까지 이 지역에서 상호 대치했다. 기록이 부족해서 정확한 전투 상황을 판단하기는 곤란하다.

소손녕의 항복 요구와 '80만 대군'

거란의 소손녕은 봉산군 일대에서 더 이상 남진하지 않고 서희군과 대치하면서 항복을 요구하는 소문을 다음과 같이 퍼트렸다.

> 우리가 이미 고구려의 옛 땅을 차지하고 있는데, 지금 너희 나라에서 강계疆界를 침탈했다. 이 때문에 토벌하는 것이다.[12]

그리고 소손녕은 항복을 요구하는 문서를 서희에게 보냈다.

> 우리가 사방을 통일하였는데, 아직 귀부하지 않은 경우에는 반드시 소탕할 것이니 빨리 항복하겠다는 문서를 보내되 지체하지 말라.[13]

소손녕의 항복 요구 문서를 받은 서희는 거란과 화친할 수 있는 여지가 있다고 판단하여 조정에 보고했다. 성종이 이몽전李蒙戩을 거란 군영에 보내 화친하기를 청했다. 이에 소손녕이

80만 군대가 이르렀다. 만약 강에서 나와 항복하지 않으면 당연히 섬멸하겠다. 군신君臣은 마땅히 군영 앞에 나와 항복해야 한다.[14]

라고 말하자, 이몽전이 고려를 침공한 이유를 물었다. 소손녕은

너희 나라가 민사民事를 돌보지 않았기 때문에 이에 삼가 천벌을 행하려는 것이다. 만약 화친을 구하려면 빨리 와서 항복해야 할 것이다.[15]

라고 하면서, 이번에는 고려의 내정 문제를 제기하여 화친에 앞서 항복부터 하라고 했다.

이상의 기록을 통해 볼 때, 소손녕이 밝힌 고려 침공의 이유는 두 가지로 요약할 수 있다. 하나는 거란이 고구려 고토를 차지하고 있는데 고려가 침탈했다는 것이다.[16] 이는 고려가 태조대 이래 서북방 지역으로 영토를 확장하여 압록강 연안에 성을 쌓으려고 하면서 이 지역의 여진을 축출한 일련의 행동을 지적한 것이다. 다른 하나는 거란이 이미 서방 경략을 단행했고 동방 경략, 특히 제 1 · 2차 여진 정벌로 요동 지역을 장악했는데도 고려가 귀부하지 않고 있어 고려를 복속시키겠다는 것이다.

이 때의 80만 대군을 이끌고 왔다는 소손녕의 주장이 그대로 받아들여져 지금까지도 1차전시 거란이 80만 대군으로 침공한 것으로 알려져 있다. 이는 거란 원정군의 규모에 대한 구체적 연구가 없었기 때문이다. 하지만, 거란 병제에 의하면 소손녕이 이끈 군대는 최대 6만 명 정도였을 것이다.

거란 병제는 '도통을 임명하지 않는 원정은 기병 6만을 넘지 않는

다'고 규정해 놓았다. 또한 동경 요양부가 관할하는 향정이 한때 4만 1천 4백 명인 것으로 보아 동경유수 소손녕의 동원 가능한 병력수도 제한되어 있었다. 이러한 점들로 볼 때 소손녕이 이끈 군대는 80만 명이 아니라 6만 명 이하인 것으로 추정할 수 있다. 결국, 소손녕은 전쟁을 조기에 종결짓기 위해 군대수를 부풀려 항복을 종용했던 것이다.

안융진 전투

소손녕은 이몽전에게 요구한 항복에 대한 답변이 지연되자 다시 군사 행동을 개시하여 안융진을 공격했다. 안융진 전투는 봉산군 전투에 이어 993년 10월경에 전개되었다.

안융진은 안주 서쪽 약 26km 지점의 청천강 하구 남안에 위치한 포구이다. 안융진은 귀주 일대에서 태주와 박주를 경유하지 않고 단 한 번의 도하로 청천강 남안으로 진입할 수 있는 지역으로, 안북부를 측면에서 위협할 수 있는 통로가 되는 곳이다. 안융진 주변에는 전답 위주의 개활지가 넓게 형성되어 있으며, 강폭이 1~3km에 이르는 청천강이 흐르고 있다.[17]

포구였던 안융진은 강을 이용하여 공격해 오는 적을 효과적으로 저지할 수 있는 주요 길목이다. 따라서 고려는 청천강 방어선 구축의 일환으로, 개활지와 도하 지역을 통제할 수 있도록 안융진에 성을 구축해 놓았다. 안융진성은 둘레가 약 755m, 높이 4.5m 규모의 작은 토성이었다

거란군이 안융진을 공격한 것은 조기에 화친을 달성하기 위해 청천강을 도하하여 고려군 총사령부가 있는 안북부를 압박하고자 했기 때문이다. 태주 · 박주 · 가주 지역에는 성이 구축되어 있었고 대령강 ·

제3장 제1차 전쟁

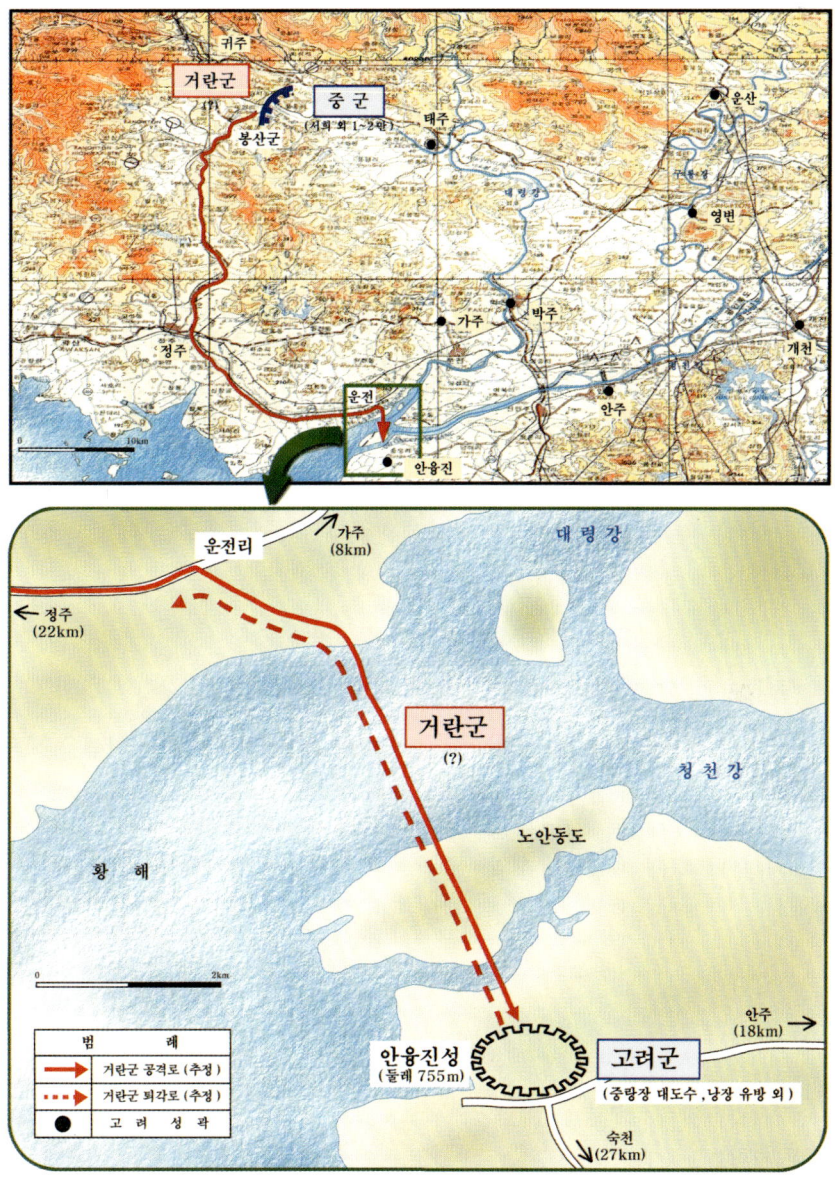

안융진 지역의 지형과 전투 상황 거란군은 청천강을 도하하여 고려군 총사령부가 있는 안북부를 압박하기 위해 안융진을 공격했다. 그러나 고려군은 이를 격퇴하여 청천강 방어선을 지켰다.

구룡강·청천강 등 많은 하천 장애물을 극복해야 안북부로 진출할 수 있었다. 반면 안융진은 청천강을 도하하는 어려움만 극복하면 안북부에 이르는 단거리이고 비교적 쉽게 공격할 수 있는 곳이었다.

거란군은 봉산군 일대에서 운전리를 경유하여 안융진 도하 작전을 실시했다.[18] 그러나 고려군이 거란군의 기습적인 공격을 격퇴함으로써 고려는 청천강 선을 지키게 되고 거란은 강화회담을 통해 전쟁을 종결짓게 되었다.

3. 강화회담의 성립

고려의 전략—항복론·할지론·강화 모색

고려는 봉산군 지역 전투 이래 거란과의 전쟁에 상당히 위축되어 있었다. 이미 송과 여진을 공파한 거란의 군사력에 위협을 느끼고 있던 차에 초기 전투에서 패배했고 더욱이 소손녕이 80만 대군을 이끌고 왔다고 위협하자, 고려 조정은 매우 소극적으로 대응했다.

앞서 살펴본 것처럼, 소손녕은 봉산군 지역 전투 이래 더 이상 남진하지 않고 서희군과 대치한 채 항복을 요구했다. 고려 조정에서는 이몽전을 파견하여 강화 교섭을 시도했으나, 소손녕은 계속 항복만을 종용했다. 이몽전이 조정에 돌아와 화친에 앞서 항복부터 하라는 소손녕의 요구를 전하자 성종은 중신 회의를 소집하여 대책을 논의했다. 이 때 제기된 의견들은 두 가지로 나뉘어 있었다.

첫째, 항복론으로 소손녕의 항복 요구를 받아들이자는 것이었다. 이는 거란에 대한 사대를 받아들임으로써 전쟁으로 인한 더 이상의 피해와 위험은 피할 수 있지만, 대신 거란의 속국이 되어 많은 공물을 바치고 내정 간섭을 받아야 함을 의미한다.

둘째, 할지론으로 항복 대신에 서경 이북의 땅을 거란에 떼어주고 황주에서 절령까지를 경계로 삼자는 것이다. 이는 항복에 대한 부담을 지기보다는 고려 서북방의 신개척지를 포기하자는 입장이다.

이러한 할지론은 고구려 고토에 대한 연고권이 거란에게 있고 고려의 서북방 지역 개척은 그에 대한 침탈이라는 소손녕의 주장에 일정 부분 동의한 것이다. 할지론이 대두한 배경은 당이 대동강 이남을 신라의 영토로 공인한 사실에 있는 것으로 보인다. 당은 신라의 삼국통일 후에 고구려 지역을 직접 지배하기 위해 평양에 안동도호부를 두었지만 신라의 반발에 밀려 요동으로 옮겨야 했다. 이후에도 당은 대동강 이남을 신라의 영토로 인정하지 않다가 735년에 와서야 비로소 신라의 영토로 공인했다. 이로 인해 당시 고려 지배층(신라 출신 포함)은 소손녕의 강역 침탈이란 말을 대동강 이북에 대한 연고권 주장으로 보고 이 지역을 거란에게 할양해야 한다고 판단한 것으로 보인다.

성종은 할지론을 택하고 서경의 창고를 방출하고 남는 것은 강물에 던져 거란의 식량이 되지 않도록 하라고 했다. 그러나, 할지론은 거센 반대에 부딪쳤다. 특히 서희는 거란이 대동강 이북이 아닌 청천강 이북 지역에 대한 연고권을 주장하고 있음을 논거로 할지론을 비판했다.

거란의 동경에서 우리의 안북부에 이르는 수백 리의 땅은 모두 생여진生女眞이 점거하고 있었는데 광종이 취하여 가주嘉州·송성松城 등의 성을 쌓았습니다. 지금 거란이 온 것은 그 뜻이 북쪽의 두 성을 취하려는 데 지나지 않습니다. 그가 고구려의 옛 땅을 차지했다고 말하는 것은 사실 우리를 겁주려는 것입니다. 지금 그들의 병세가 크게 성대한 것을 보고 갑자기 서경 이북을 떼어 주려고 하는 것은 좋은 계책이 아닙니다.[19]

거란이 문제삼는 지역은 광종이 개척한 청천강 이북의 가주·송성일 뿐이라는 것이다. 서희는 고려 북방 영토에 대해 할지론자들과 상당히 다르게 인식하고 있었다.

서희가 이렇게 인식한 근거는 서북방 개척과 거란과의 관계 변화의 연관성을 파악한 데 있었다. 청천강 이남 지역은 태조 때 개척된 곳이다. 당시 고려와 거란은 외교 사절을 파견하고 있었기 때문에 거란은 고려의 영토 개척을 알고 있었을 것이다. 이는 거란이 암묵적으로 청천강 이남 지역을 고려의 영토로 인정했던 것으로 볼 수 있다. 이에 반해, 청천강 이북 지역에 대한 개척은 광종이 거란과 단교 상태에서 여진을 축출하면서 이루어졌다. 요동 정벌로 여진을 복속시킨 거란의 입장에서 여진을 축출하면서 이루어진 고려의 청천강 이북 개척은 자신의 연고지에 대한 침탈로 간주할 수 있었다. 이로 인해 서희는 거란이 청천강 이북 지역에 대한 연고권을 주장할 뿐이라고 판단하여 할지론을 반대했던 것이다.

그리고 나서, 서희는 할지론의 위험을 지적했다.

서희 장군의 묘 서희는 소손녕의 항복 요구에 대해 고려 조정에서 대두한 할지론을 비판하면서 할지는 만세의 치욕이며 연쇄적인 할지 요구를 불러 일으킨다고 주장했다.

또한 삼각산 이북 또한 고구려의 옛 땅인데 끝없는 욕심으로 요구하기가 끝이 없으면 다 줄 것입니까? 하물며 땅을 떼어서 적을 주는 것은 만세의 치욕입니다. 원컨대 어가를 도성으로 돌리시고 신 등으로 하여금 한번 더불어 싸우게 한 연후에 의논하여도 늦지 않습니다.[20]

청천강 이북을 요구한 거란이 다시 삼각산 이북을 요구하게 되는 등 연쇄적인 할지 요구가 있게 된다는 것이다. 이 때문에 서희는 거란과 일전을 벌여본 후에 할지론을 논의해도 늦지 않다고 주장했던 것이다.

이지백李知白도 촉한蜀漢이 위魏에 할지했다가 결국 패망한 사례를 들면서 할지론을 비판했다.[21] 이에 성종은 할지론을 포기하고 거란과의 강화를 모색했다. 성종은 각문사인閤門舍人 장영張瑩을 거란 진영으로 보냈으나, 소손녕은 고려의 대신이 와서 군전軍前에서 면대할 것을 요구했다.[22] 이에 성종은 서희를 파견하여 소손녕과 회담을 하도록 했다.

강화회담의 쟁점 사안

서희와 소손녕 사이의 강화회담의 핵심은 누가 고구려 고토에 대한 주인인가 하는 문제에 있었다. 이는 분쟁 대상이 되는 압록강 연안 영유권 주장의 주된 논거이기 때문이다. 소손녕은 서희에게 거란의 침공 이유로 두 가지를 제시했다. 하나는 고려가 거란의 영토를 침식했다는 것이고, 다른 하나는 고려가 송에 사대하고 있다는 것이다.

너희 나라는 신라의 땅에서 일어났고, 고구려의 땅은 우리 차지가 되었는데 너희가 침식했다. 또한 우리와 땅을 접하고 있으면서 바다를 건너 송에 사대

고구려 고분 벽화 인물도 서희와 소손녕의 강화회담의 핵심 사안은 누가 고구려 땅에 대한 지배권을 가지고 있는가 하는 문제였다.

하고 있다. 그래서 오늘날의 출병이 있게 된 것이다. 만약 땅을 떼어 바치고 조빙朝聘을 닦으면 무사할 것이다.[23]

먼저, 고려가 거란의 영토를 침식했다는 문제이다. 이 주장은 고구려 고토는 모두 거란의 지배지라는 것을 근거로 하고 있었다. 이러한 주장은 거란 일부가 과거 고구려의 영향권에 있었기 때문에 그 연고지라는 것, 그리고 고구려를 계승한 발해를 멸망시켜 그 영토를 모두 편입했다는 입장에서 가능했던 것으로 보인다. 이로 인해 소손녕은 고려는 신라의 땅에서 일어났고 거란은 고구려의 땅을 차지하고 있으므로, 고려의 서북방 경영은 거란 영토에 대한 침식 행위라고 했던 것이다.

다음으로, 고려의 송과의 사대 외교 문제이다. 소손녕은 고려가 거란과 연접해 있으면서 거란을 제쳐두고 바다를 건너면서까지 송에 사대하고 있다고 지적했다. 이에는 고려가 거란과 단교하고 송과 사대 관계를 유지하고 있고, 또 송이 거란을 공격할 때 고려에 협공을 제의한 사실 등이 작용한 것으로 보인다.

고구려 고토에 대한 지배권을 명분으로 내세우면서 사대 문제를 접근한 소손녕의 논리를 서희는 다음과 같이 논박했다.

아니다. 우리 나라는 곧 고구려를 계승하였으니 그래서 국호를 고려라고 하고 평양에 도읍한 것이다. 만약 땅의 경계를 논한다면 상국上國의 동경도 모두 우리 영토 안에 있는 것이니 어찌 침식이라고 하는가. 또한 압록강 내외도 우리의 경내인데 지금 여진이 그 사이를 훔쳐 차지하고 있으면서 사납고 거짓을 부리며 도로를 막고 있으니 조빙의 길이 통하지 않는 것은 여진때문이다. 만약 여진을 축출하고 우리의 고토를 돌려주어 성보를 쌓고 도로를 통하게 한다면 감히 조빙을 닦지 않겠는가. 장군이 내 말을 황제에게 전해준다면 어찌 애납哀納하지 않겠는가.[24]

서희는 고려가 고구려의 국호와 수도를 계승했다는 논거를 들어 고려가 고구려의 계승국이라고 주장했다. 그리고 송과의 외교 문제에 대해서는 고려와 거란의 사이를 여진이 가로막고 있어서 고려가 거란에 조빙하지 못했을 뿐이라고 했다. 문제가 되는 지역이 원래 고려의 땅인데 여진이 차지하고 있어서 조빙이 불가능하므로, 여진을 축출하고 고려가 그 지역을 차지하면 거란에 조빙할 수 있다는 것이다.

고려, 거란에 대한 사대와 압록강 이동 지역 확보

소손녕은 서희의 협상 조건을 수용했다. 고려는 거란에 사대하고, 거란은 압록강 이동 지역을 고려에 주어 양국 사이의 통교를 방해하는 여진을 축출하고 성을 쌓는 것으로 강화회담은 타결되었다. 소손녕은 서희의 제안을 황제에게 건의하여 허락받은 후 전후 처리를 고려에 통보했다.[25] 양국은 압록강을 경계로 그 양편에 각기 성보를 구축하여 통교하는 교통로를 확보하기로 했다.[26] 이것은 물론 고려가 거란에 사대를 하겠다는 조건을 전제하고 있었다.

강화회담에 의해 여진이 거주하고 있는 압록강 동쪽 수 백 리를 취하게 됨에 따라, 서희는 압록강 주변의 여진족을 축출하고 장흥·귀화·곽주·귀주에 성을 쌓았다. 그리고 이듬해에 안의진·흥화진(995)에, 그 이듬해에는 통주·맹주에 각각 성을 쌓았다(996). 이 지역에 강동 6주를 설치하여 행정 구역으로 편입시켰다. 강동 6주는 흥화진·용주·통주·철주·귀주·곽주이다. 강동 6주의 설치로 고려는 개국 이래 처음으로 압록강 이동 지역을 영토로 확보할 수 있었다.

그러나 거란은 압록강 요충인 보주 지역을 확보하여 압록강 지역에 대한 지배력을 장악함으로써 고려와 여진에 영향력을 행사할 수 있었다. 거란의 보주 지역 확보로 고려는 더 이상의 서북방 개척이 차단되었다. 또한 보주는 이후 거란 침입의 교두보 역할을 하게 되었다. 그리고 고려는 강화회담의 조건대로 사대를 수용하여 거란의 통화統和 연호를 사용했고(994),[27] 이듬해 정식으로 사절을 파견했다(995.4).[28]

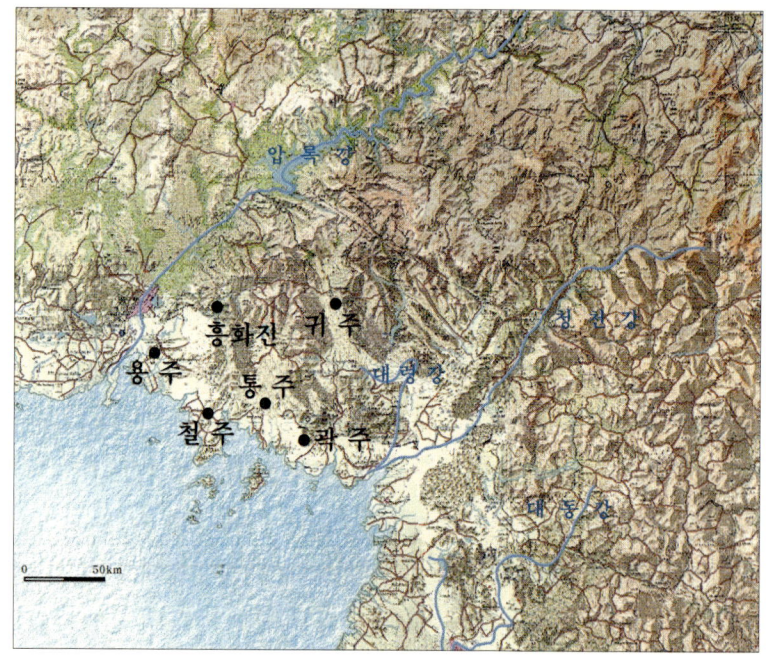

강동 6주 서희는 고려가 고구려 계승국임을 소손녕에게 설복시켜 압록강 이동 지역에 대한 지배권을 할양받았다. 고려는 이 지역에 성을 쌓고 강동 6주를 설치하여 행정 구역으로 편입시켰다.

4. 전쟁의 결과

제1차 전쟁의 특징

1차전에서 거란군은 압록강을 건너 봉산군(귀주 남방 10km) 지역과 청천강 하구까지 진출하여 방어 중인 고려군과 전투를 벌였다. 당시 거란은 고구려의 고토에 대한 지배력을 확대함으로써 요동 지역을 확실하게 장악하고 생여진의 남진과 고려의 북진, 그리고 이들이 송과 교역하는 것을 차단함으로써 중원 진출을 위한 배후의 안정을 도모하고자 했다.

거란 원정군은 도통을 임명하지 않고 전쟁을 하는 경우에 적경에서 깊이 들어가지 않고 성은 공격하지 않으며 산림을 훼손치 말라는 전쟁 수칙의 제한을 받고 있었다. 이 때문에 거란군은 봉산군 지역에서는 싸웠으나 북계 서로의 가주, 북계 동로의 태주 등 준비된 성채를 공격하지 않았고, 청천강 이남으로는 진출하지 않았다. 또한 거란군은 12월에는 복귀해야 하는 상황에서 혹한과 현지 보급의 어려움, 고려군의 저항 등으로 전쟁 수행 여건이 악화되어 있었다. 이로 인해 거란군은 6만 명에 지나지 않는 군대수를 부풀려 80만 대군이 왔다고 주장하며 항복을 요구했던 것이다.

반면, 고려는 국초부터 서북방 경영을 천명하고 거란 침입에 대비한 방비 태세를 강화하고 있었다. 고려는 대거란 단교 조치 이후에 청천강 이북의 태주와 가주를 연하는 선까지 영토를 확장했다. 또한 북계 일대의 거주 지역을 방어할 수 있는 요충지 29개소에 성을 새로 쌓거나 보강하여 청천강 선을 중심으로 방비 태세를 갖추었다. 뿐만 아니라 광군을 중심으로 전국적인 병력 동원 체제를 갖추고 있었다.

거란의 침공 소식을 접하자 약 3~6만 명의 병력을 주방어선인 청천강 일대와 청천강 이북의 가주~봉산군 선까지 추진 배치했다. 또한 선봉군이 봉산군 지역 전투에서 실패하자 신속히 서희군을 투입하여 거란군의 남진을 저지하면서 외교적 타협을 통해 전쟁을 종결지었다.

거란과의 외교 교섭을 담당한 서희는 누구보다 당시 국제 정세와 군사적 여건에 대해 식견을 갖춘 인물이었다. 18세에 과거에 급제하여 관계로 진출한 서희는 송에 사신으로 갔을 때는 송 태조로부터 검교병부상서檢校兵部尙書의 벼슬을 받았고 이후 병관어사兵官御事를 역임한 경력이 있었다.[29]

서희는 국제 정세와 군사적 여건에 대한 식견으로 사태를 정확히 파악할 수 있었다. 무엇보다 서희는 거란의 침공 의도를 간파하고 있었다. 거란의 침공 의도가 고려의 속국화에 있지 않기 때문에 적극적인 공격으로 나오지 않을 것임을 알고 있었다. 고려 지배층 일각의 대동강 이북의 땅을 떼어주자는 할지론에 반대할 수 있었던 것도 그러한 식견에서 가능했다. 서희는 거란이 연고권을 주장하는 지역이 청천강 이북이지 청천강 이남이 아님을 알고 있었던 것이다. 뿐만 아니라 서희는 할지를 '만세의 치욕'이라고 반대하여 국왕의 결정을 번복시켰을 만큼 국가관이 투철한 인물이기도 했다.

서희는 동원된 거란군의 능력, 동계 혹한, 현지 보급의 한계 등으로 소손녕이 더 이상 싸울 수 없는 상황임을 파악하고 있었다. 이를 기초로 시간을 끌면서 논리정연하게 명분을 살려 주면서 협상을 진행했다.

소손녕의 고구려 고토에 대한 연고권에 대해, 서희는 고려도 고구려 계승국이기 때문에 마찬가지로 연고권이 있다는 사실로 논박했다. 그리고 양국의 문제 해결은 압록강 연안의 여진을 축출하여 고려가 사대하는 길을 트면 된다는 것으로 소손녕을 설복시켰다. 이로써 고려는 거란에 사대를 약속하고 거란은 고려에게 압록강 이동 지역에 대한 지배를 인정하는 것으로 전쟁을 종결지었다.

할지론까지 대두한 시기에 소손녕이 더 이상 전투 의지가 없음을 간파하고, 탁월한 외교 역량으로 오히려 영토까지 확보한 서희의 역할이야말로 1차전에서 가장 돋보이는 특징이다.

제1차 전쟁의 성과와 영향

거란은 1차전에서 최초 의도했던 전쟁 목적을 달성했다 할 수 있다. 압록강 이동 지역에 대한 지배를 인정하는 대신 사대 관계 수립을 통해 고려에 대한 영향력을 확보하여 배후를 안정시키는 성과를 거두었다. 또한 압록강 요충인 보주 지역을 장악함으로써 고려와 여진에 대한 영향력을 유지했고, 고려의 서북방 진출을 이 지역에서 차단할 수 있었다.

반면, 고려는 압록강 이동 지역에 대한 지배력을 확보함으로써 압록강 인근까지 영역을 확장시킬 수 있는 토대를 마련할 수 있었다. 장흥·귀화·안의·흥화 4진과 곽주·귀주·통주·맹주에 성을 쌓았다. 그리고 흥화·용주·통주·철주·귀주·곽주의 강동 6주를 설치하여 행정 구역으로 편입시켰다. 또 강동 6주 이외의 지역에도 성을 쌓거나 개축하여 방비 태세를 강화함으로써 다중 종심 방어선이 형성되었다.

그러나 고려는 압록강 연안으로 진출하면서 이 지역에 거주하던 여진과의 마찰이 불가피해졌고, 이 지역의 교역권을 장악하고 있던 거란과는 완충지대 없이 직접 국경을 마주하게 되었다. 이러한 상황은 2차전을 일으키게 한 배경이 되었다.

제4장

제2차 전쟁

거란 성종의 친정과 고려의 선전 거란과 송이 강화 협상을 체결한 지 5년 후, 고려에서 강조가 임의로 왕을 교체하고 은폐시킨 사건이 일어났다. 이를 사대국에 대한 중대한 도전으로 인식한 거란은 고려를 속국화하고자 제2차 고려 원정을 단행했다. 거란 성종은 거란의 국제적 위상과 모태후 사망으로 섭정에서 벗어난 자신의 위상을 높이기 위해 40만 대군을 직접 지휘하여 고려를 침공했다. 그러나 40만 고려군의 방비로 속국화는 실패하고 고려 국왕의 친조를 요구한 후 막대한 피해를 입고 회군했다.

1. 전쟁의 배경

거란 · 송의 강화 협상 체결—전연의 맹

제1차 고려 원정을 협상으로 마무리하여 동방을 안정시킨 후, 거란의 국내 사정은 국지적으로 반란이 있기는 해도 비교적 안정된 상태였다. 거란 성종은 각종 권농 정책과 유민 정착, 황무지 개간, 세금 감면 등 적극적인 부국책을 추진하면서,[1] 송의 거란 공격에 대한 보복의 일환이자 중원으로 진출하기 위해 송에 대한 본격적인 원정을 준비했다.

거란은 남경통군도감南京統軍都監을 다시 설치했고(994.3)[2] 송의 화친 요구를 거절하면서[3] 5여 년에 걸쳐 전쟁 준비를 했다. 거란 성종은 송에 대한 정벌을 단행(999. 9~1000. 1), 큰 성과를 거두고 회군한 후 유공자를 포상하고 군인들을 일단 각기 본도로 돌아가도록 했다.[4] 이듬해 거란 성종은 다시 송 정벌(1001. 10)에 나섰으나 초반의 승리에도 불구하고 길이 질어지면서 10여 일 만에 군대를 돌려야 했다.[5]

거란이 송에 본격적인 공세를 펼친 것은 1004년이다. 거란 성종은 전과 달리 송 정벌을 고려에 사전 통고한 후[6] 송을 공격하여 일방적으로 밀어 붙였다. 수세에 몰린 송이 강화를 요청하여 협상이 이루어졌다. 양국은 전연澶淵에서 거란이 우위에 서는 형제의 맹약을 수립하여 거란 태후를 숙모로 부르고 해마다 송이 거란에 10만 냥의 은과 20만 필의 비단을 보내는 것으로 합의했다.[7] 이른바 '전연의 맹'이다. 이듬해부터 송이 거란 태후의 생신을 축하하는 사절을 파견하고 세공을 보내기 시작하면서 양국 관계는 안정기로 접어들었다.

거란의 동방 진출 – 고려 원정

전연의 맹으로 송과의 관계를 안정시킨 다음해에 거란은 고려·여진·송과 통하는 길목인 압록강 하구의 보주 지역에 각장榷場을 설치하여(1005)[8] 동방 진출을 준비했다.

거란 내부에서도 크나큰 변화가 있었다. 전연의 맹에서 숙모로 부른다는 조건이 들어 있을 만큼 절대적인 영향력을 행사하던 태후가 사망했던 것이다.[9] 12살에 즉위하여 27세의 성인이 된 거란 성종은 태후 사망을 계기로 명실상부한 황제가 되었다. 거란 성종으로서는 자신의 위상을 대내외에 과시할 필요가 있는 시기였다.

이러한 때에 고려에서는 서북면도순검사 강조가 목종을 폐하고 현종을 옹립한 정변이 일어났다(1009).[10] 사대 관계에서 새 국왕의 즉위는 반드시 통보하여 허락을 받아야 했는데 강조는 자신의 정변을 거란에 알리지 않고 비밀에 부치고 있었다. 그러나 고려의 동계 지역 장수가 화주에서 동여진 95명을 몰살하는 사건이 일어나면서(1010),[11] 동여진을 통해 강조의 정변이 거란 성종에게 알려졌다. 이에 거란 성종은 대역을 범한 강조에 대한 징벌을 고려 원정의 명분으로 내세웠다. 동여진은 거란 성종이 고려 정벌을 천명하자 좋은 말(良馬) 만 필을 바치면서 고려 침공에 동참하게 된다.

양국의 전쟁 준비

거란 성종은 태후의 장례를 마친 후(1010. 3), 각 도에 조서를 내려 고려 원정을 준비하도록 했다(1010. 5).[12] 성종은 강조의 행위가 대역이기 때문에 죄를 물어야 한다는 발병發兵의 명분을 제시했으나,[13] 소적열蕭敵烈은 반대 입장을 표명했다.

소적열은 계속된 원정으로 군사의 피로가 심하다는 것, 거란 성종이 상중에 있다는 것을 이유로 들어 원정을 만류했다. 그리고 강조의 정변은 외교적으로 처리하고 여의치 않을 경우 그 때 가서 원정을 해도 늦지 않다는 의견을 제시했다. 이러한 소적열의 주장에 많은 사람들이 공감하고 있었다.[14] 그러나 이러한 반대도 거란 성종의 고려 원정의 뜻을 꺽지는 못했다.

거란 성종은 친정할 것이라는 사실을 송에 통보하고, 동생 초국왕楚國王 융우隆祐로 하여금 수도를 지키도록 하고 북부재상北府宰相 소배압蕭排押을 도통으로 삼았다(1010. 8).[15] 이어 추밀직학사樞密直學士 고정高正과 인진사引進使 한기韓杞를 보내 고려 현종을 힐문했다(1010. 9).[16] 이에 고려 현종은 친정의 중단을 요청했으나 거란 성종은 받아들이지 않았다(1010. 10).[17] 거란 성종은 다시 장군 소응蕭凝을 고려에 보내 친정을 통보했다(1010. 11).[18] 황제가 친정하는 경우 원정군은 황제 친위군 · 대수령부족군 · 중부족군 · 향정으로 편성되는데, 당시 도통이 북부재상北部宰相인 점으로 보아 북부의 중부족군이 주축을 이루었을 것으로 보인다. 원정군 규모는 40만 명이었다.

한편, 고려의 최전방 방어선은 1차전 당시에는 가주~태주 선이었지만, 강동 6주 지역의 축성이 완료된 후에는 압록강 유역의 홍화진~안의진 선까지 확장되었다. 축성은 청천강 이북을 중심으로 북계 동로상에는 안의진 · 귀주 · 태주에, 북계 서로상에는 홍화진 · 통주 · 곽주에 이루어졌다. 이렇게 구축된 성들로 교통로상에 다중 종심을 유지하게 되었고, 횡적으로는 홍화진~안의진 선, 통주~귀주 선, 곽주~태주 선, 청천강 선이 형성되어 사다리형 다중 방어선이 자연스럽게 이루어져 있었다.

거란의 침공이 임박하자, 고려는 전쟁을 피하기 위한 외교적 노력을 강구했다. 진적陳頔과 윤여尹餘를 거란으로 보내 목종의 일을 해명했고(1010. 8),[19] 다시 김연보金延保를 보내 문안하도록 하고 왕좌섬王佐暹과 백일승白日昇을 거란 동경으로 보내 친선을 도모하게 했다(1010. 9).[20] 거란 사신이 고려 원정을 알렸을 때도 참지정사知政事 이예균李禮均과 우복야右僕射 왕동영王同穎을 보내 화친을 청했다(1010. 10).[21] 그리고 전과 다름없이 동지冬至를 하례하는 사신을 파견했다(1010. 11).[22]

고려는 외교적 수습을 강구하면서도 전쟁 준비를 갖추어 나갔다. 강조를 행영도통사行營都統使로 삼고, 안소광安紹光을 행영도병마사行營都兵馬使로, 최현민崔賢敏을 좌군병마사左軍兵馬使로, 이방李昉을 우군병마사右軍兵馬使로, 박충숙朴忠淑을 중군병마사中軍兵馬使로, 최사위崔士威를 통군사統軍使로 삼아 30만 군사를 이끌고 통주에 주둔하게 했다(1010. 10).[23] 이로써 고려는 평시의 주진군과 방수군 10만 명을 합하여 약 40만 명에 가까운 규모의 군대를 편성했다.

제2차 전쟁의 개황 거란 성종이 이끄는 40만의 원정군은 1010년 11월 압록강을 건넌 후, 흥화진과 귀주에서 전투를 치루고, 통주·곽주·안북부·서경을 거쳐 개경에 입성했다. 이후 고려와의 강화협상이 타결되어 1011년 1월말 압록강을 건너 회군했다.

2. 전쟁의 경과

거란군의 기동로

2차전시 거란군은 압록강을 도하하여 개경까지 진입했다. 이 때 거란군이 이용한 기동로는 청천강 이북 지역에서는 홍화진→통주→곽주→운전→안주에 이르는 기동로(약 165km), 청천강 이남에서는 안북부에서 숙주→서경→황주→평주→금천→개경에 이르는 기동로(약 290km)였다. 이 기동로는 통상 북계北界 서로西路라고 부르며, 수의 고구려 침입 경로로 이용되기 시작하여 몽고의 고려 침략, 정묘호란, 병자호란 때 이용된 바 있다.[24]

청천강 이북의 북계 서로는 내륙 지역에서 뻗어나온 산맥의 영향으로 지형의 기복이 심한 구릉 지대가 연속적으로 형성되어 있어 기동에 많은 제한을 준다. 이 지역은 높은 능선·계곡·애로 지역이 많고 삼림과 수목이 울창하다. 청천강과 대령강을 비롯하여 폭이 넓은 강과 대소 하천 92개소, 통주 일대의 협곡 3개소를 비롯하여 큰 고개 5개소와 애로 지역 8개소가 있다. 특히 통주와 곽주 등 기동로가 통과하는 주요 길목은 횡적인 능선과 하천, 애로 지역 또는 고개를 동시에 극복해야 하기 때문에 대부대의 기동을 어렵게 한다.

청천강 이남의 북계 서로는[25] 북에서 남으로 종적인 도로가 발달되어 있으나 대동강·보통강·예성강을 비롯하여 대소 하천과 협곡 5개소 52km, 큰 고개 7개소, 애로 지역 13개소가 있다. 특히 평주에서 개경에 이르는 약 50km 구간은 협곡이 4개소로 38km나 되어 대부분의 도로는 사실상 협곡 내에 위치하고 있다. 이 중 예성강에서 개경 사이에 형성된 약 13km의 협곡은 200~300m 고지 사이에 위치하며, 좌우

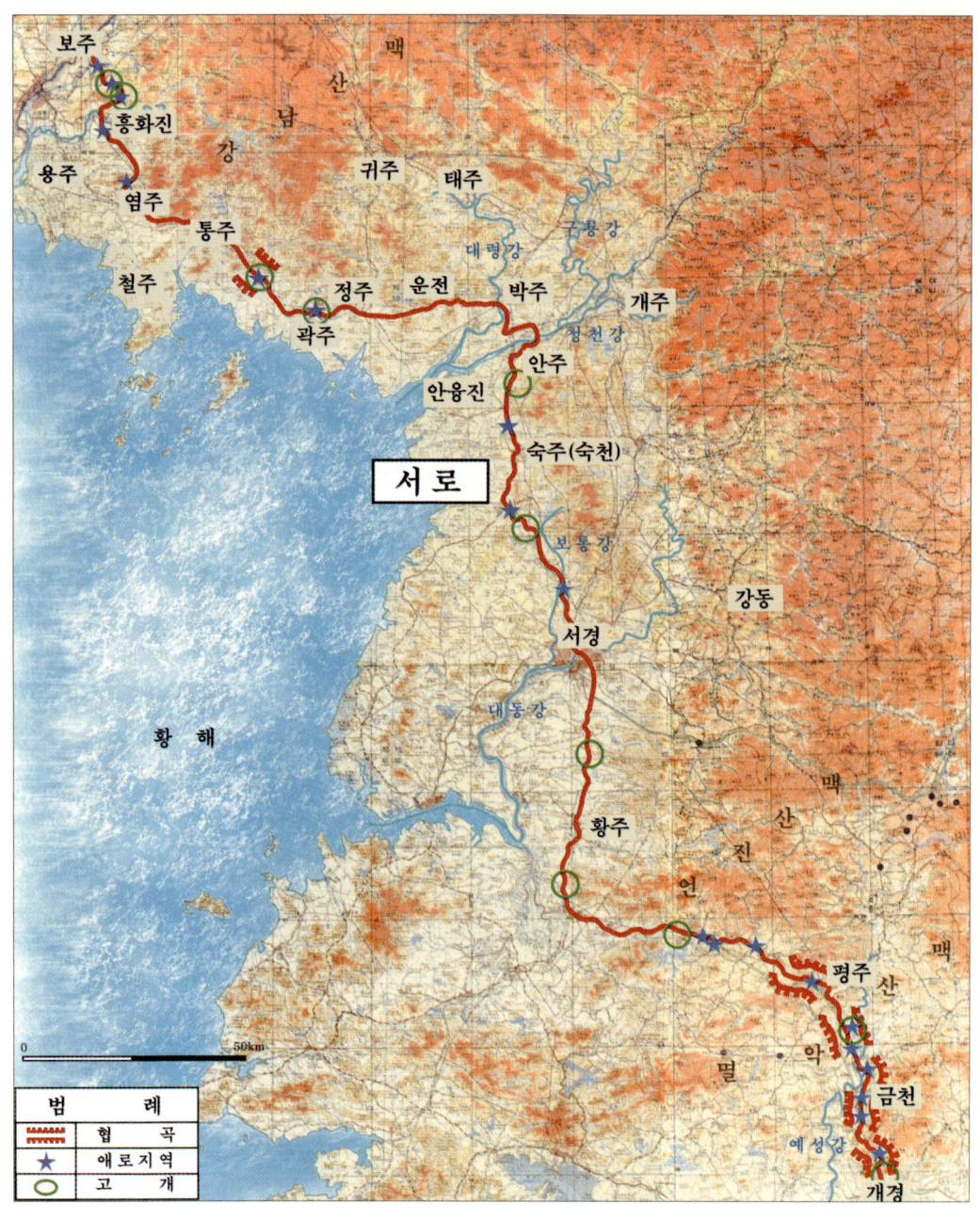

제2차 전쟁시 거란군의 추정 기동로 지형 분석 제2차 전쟁시 압록강을 도하한 거란군이 개경까지 진입할 때 이용한 기동로는 북계 서로이다. 북계 서로는 부대의 기동을 어렵게 하는 지형이다.

능선이 절벽에 가까운 가파른 능선이고, 협곡 중간에 300m 이상의 고개가 있어 기동에 많은 제한을 주는 구간이다.

〈표 4-1〉 보주~개경 간 기동로(북계 서로)의 지형 분석

구 분	청천강 이북	청천강 이남
기동로	165km	290km
협 곡	1개소 3km	5개소 52km
강·하천	강 : 2개소(청천강·대령강)	강 : 3개소(대동강·보통강·예성강)
	하천 : 92개소	하천 : 105개소
고 개	5개소	7개소
애 로	8개소	13개소
개활지	평야 : 2개소(신의주·안주평야)	평야 : 1개소(평양평야)
	개활지 : 14개소	개활지 : 12개소

흥화진 전투

거란 성종이 이끄는 원정군은 흥화진에서 고려군과 첫 전투를 벌였다. 흥화진은[26] 보주군과 피현군의 경계에 솟아있는 백마산(410m 고지)의 한 줄기가 남으로 뻗어 형성된 독립된 지역으로 보주 남방 약 15km 지점에 있다. 보주에서 용주·통주·귀주에 이르는 교통로의 목으로 천연적인 요새지이면서, 삼교천을 연하여 형성된 개활지를 통제할 수 있는 지역이다.

흥화진성은 130~170m의 고지군을 따라 능선상에 축조되어 좌우측은 급경사면을 이루고 있으며 주변의 봉우리를 연결시킨 둘레는 2,840m, 높이는 2~3m 정도가 된다. 주진군이 방비하고 있던 곳이나 서북면도순검사 양규楊規가 증원된 출정군을 함께 지휘하고 있었다.

그 규모에 대해서는 기록이 없지만, 양규의 직위나 전쟁 기간 중 전투 기록으로 미루어 보아 대규모 병력이었을 것으로 추정된다.

홍화진의 전투 지역은 삼교천 일대의 홍화진성에서 4km 북서쪽으로 위치한 백마산과 그 사이의 독립 능선 일대를 모두 포함한 지역이었을 것이다.

홍화진 전투는 1010년 11월 17일부터 23일까지 7일 동안 전개되었다. 17일에 거란 성종은 보병과 기병 40만을 이끌고 의군천병義軍天兵이라 칭하면서 홍화진을 공격했다. 그러나 홍화진을 방어하던 도순검사 양규, 진사 정성鄭成, 부사 이수화李守和가 성을 굳게 지켰다. 거란군은 우세한 전력으로 수 차례에 걸쳐 공격했지만 성을 함락하는 데에는 실패했다.[27]

성을 공격하면서 거란 성종은 고려에 항복을 설득하는 문서를 18일과 19일에 연속하여 홍화진에 보냈다. 강조의 정변이 원정의 원인이므로 강조를 잡아 보내면 회군하겠다고 회유했다.[28] 원정의 명분을 내세우면서도 한편으로 무력으로 위협하여 항복을 끌어내고자 했던 것이다.

그러나 홍화진부사 이수화는 군대를 철수시켜야 요구에 응할 수 있다면서 항복을 거부했다.[29] 거란 성종은 재차 회유하는 글을 보내 강조에 반기를 들 것을 선동했으나,[30] 이수화를 비롯한 홍화진 지휘관들은 거란이 먼저 군대를 돌릴 것을 요구했다.[31]

홍화진성을 함락하는데 실패한 거란 성종은 그들의 전술대로 11월 23일에 배후 위협을 방비하기 위해 무로대 일대에 20만 명을 잔류시키고 홍화진을 우회하여 통주 방향으로 진출했다.[32]

한편, 홍화진 전투가 벌어지는 동안 11월 18일에 별도의 거란군이

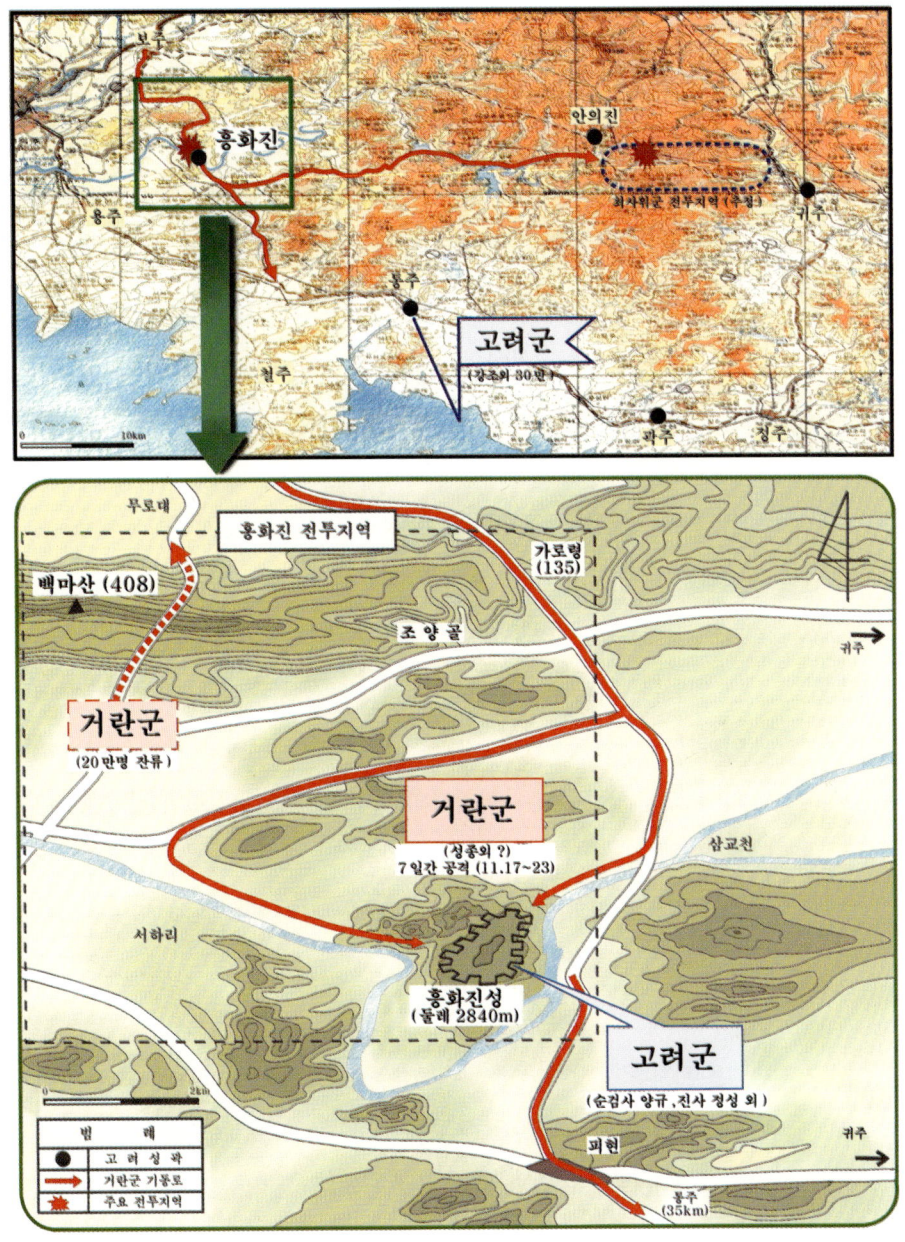

흥화진 지역의 지형과 전투 상황 2차전의 첫 전투였던 흥화진 전투에서 고려군이 흥화진을 고수함으로써 거란군은 병력을 분산시키고 우회해야 했고, 이후 고려군의 후방 교란으로 퇴로가 차단되었다.

귀주 인근까지 진출했다. 고려측에서는 통주에서 출병한 최사위 등이 거란군과 싸웠으나 패배했다.[33] 그러나 북계 동로를 이용한 거란군의 남진 기록이 없는 것으로 보아 동로를 이용한 거란군의 진출은 저지된 것으로 보인다.

고려군의 흥화진 고수는 이후 전쟁 전반에 걸쳐 큰 영향을 미쳤다. 흥화진을 탈환하지 못하고 우회해야 했던 거란군은 배후 위협에 대비하기 위해 총 병력의 절반인 20만 명을 잔류시킴으로써 원정 병력을 분산시키게 되었다.[34] 이에 반해 고려군은 흥화진을 고수함으로써 초기에 모든 제성諸城들이 방비를 강화할 수 있는 시간을 7일 정도 벌 수 있었다.

뿐만 아니라 고려군은 흥화진을 기점으로 거란군의 후방을 교란할 수 있었다. 거란군이 서경을 공략할 당시에 흥화진 병력이 주축이 되어 피탈된 곽주를 탈환하여 청천강 이북 지역을 장악한 것은 거란군의 퇴로를 차단하여 강화회담의 성립과 거란군의 조기 철수에 기여했다. 또한 거란군은 험한 산악 지역인 청천강 이북 지역의 북계 동로로 회군하게 되었고, 고려군은 흥화진을 기점으로 대대적인 반격을 할 수 있었다.

통주 전투

11월 23일에 흥화진을 우회하여 북계 서로로 남진한 거란군의 다음 공격 목표는 통주였다. 통주는 청천강 이북 지역의 요충지로서[35] 흥화진과 철주, 귀주와 곽주에 이르는 교통의 중심지이다. 또한 통주는 여러 진들 간의 상호 지원, 보급, 지휘 통제가 용이한 지역이고, 보주에서 북계 서로를 이용하여 청천강을 도하하기 위해서는 반드시 통과해

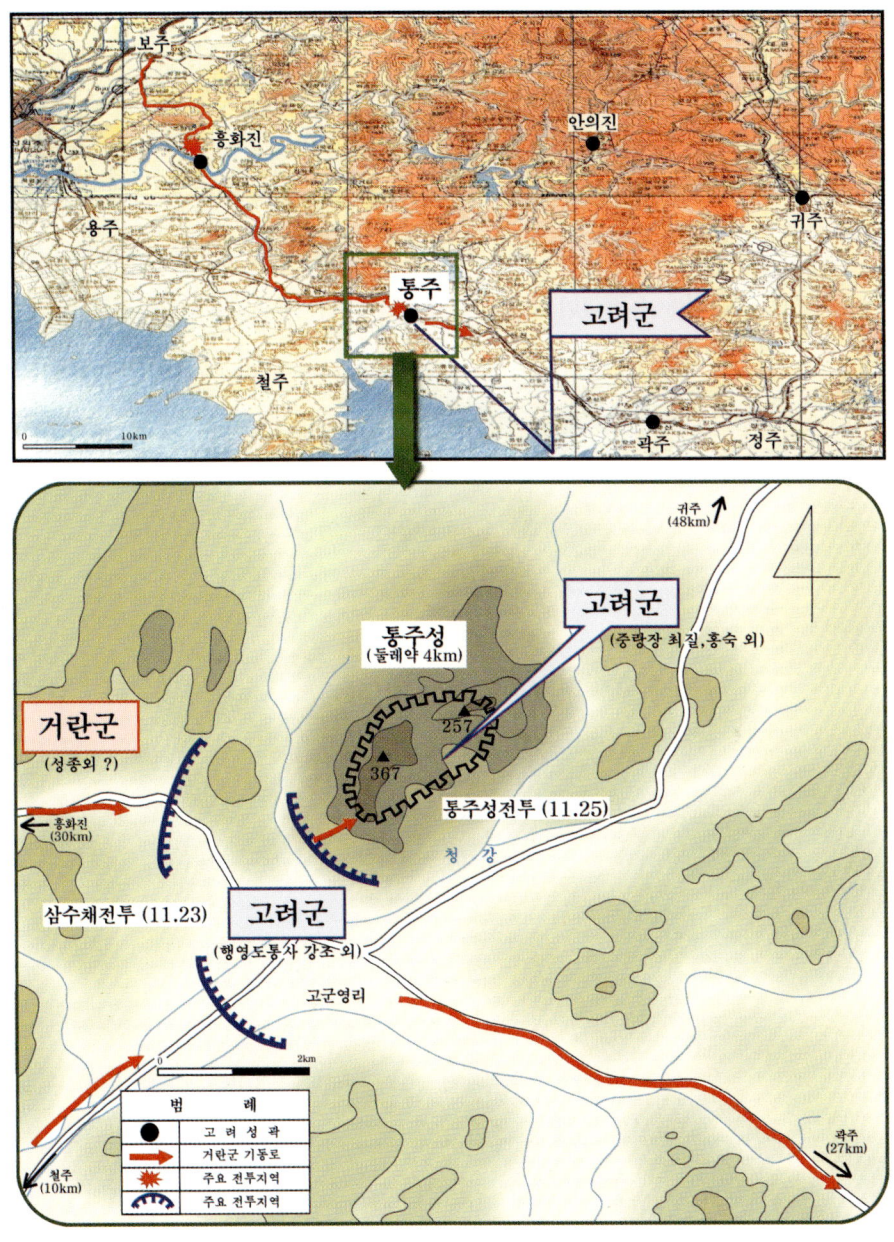

통주 지역의 지형과 전투 상황 통주 전투는 삼수채 전투와 통주성 전투로 구분된다. 삼수채 전투에서 고려군은 총사령관 강조가 생포되고 3만여 명의 인명 피해를 입음으로써 결국 곽주~태주 선과 청천강 방어선이 붕괴되어 개경까지 점령되었다.

야 할 지역이다.

통주성은 서쪽으로 철산반도까지 뻗어나간 천마산의 한 줄기에 위치하고 있다.[36] 주변의 삼수채(고군영리)와 도로를 감제 관측하고 통제할 수 있으며, 동시에 하천과 개활지로부터 보호받을 수 있어 방어에 매우 유리하다. 성은 367m 및 257m 고지를 둘러싸고 형성되어 있으며 성의 둘레는 약 4km에 달한다.[37] 통주성은 고려의 주 방어선이었기 때문에 강조가 지휘하는 방어군의 주력과 총사령부가 위치했던 곳이다. 귀주 북방에서 거란군의 귀주 진출을 차단했던 통군사 최사위도 처음에는 이 지역에 배치되어 있었다.

11월 25일부터 12월 초까지 전개되는 통주 전투는 삼수채 전투와 통주성 전투로 구분된다.

삼수채 전투는 통주성 밖에서 이루어진 전투로 흥화진에서 남진한 거란군과 고려의 강조군이 청강의 3개 지류가 합쳐지는 합수목 일대에서 치루어졌다. 11월 25일에 강조군은 통주성을 나와 삼수채 지역에서 하천과 산을 이용하여 진을 배치했다. 한 부대는 강조의 인솔 아래 3개의 하천 지류가 모이는 통주 서쪽에 주둔토록 했고, 또 한 부대는 근처의 산에, 나머지 한 부대는 성을 등지고 진을 쳤다.[38]

강조는 검차劍車를 이용하여 전과를 올리기도 했으나 전투를 승리로 이끌지 못했다. 초반의 우세에 자만한 강조가 전장에서 장기를 두는 등 지휘를 소홀히 하고 있을 때,[39] 거란의 야율분노耶律盆奴가 삼수채를 기습 공격하여 고려군 총사령관인 강조를 생포하고 3만여 명의 인명 피해를 입혔다.[40]

통주성 전투는 삼수채 전투에서 승세를 얻은 거란군이 통주성을 공략하면서 시작되었다. 통주성 공략에 앞서 거란군은 삼수채 전투에서 생포한 노전盧戩과 마수馬壽를 통주성으로 보내 항복을 권유했다. 그러나 중랑장 최질崔質과 홍숙洪淑이 노전과 마수를 체포했다. 이어 방어사 이원귀李元龜·부사 최탁崔卓·대장군 채온겸蔡溫謙·판관 시거운柴巨雲 등과 함께 성을 고수하여 거란군의 통주성 공격은 실패했다.

삼수채 전투에서 고려군을 총지휘하던 강조의 패배는 이후 전쟁 전반에 많은 영향을 미쳤다. 고려는 주력 부대를 통주에 배치하여 거란군을 저지·격퇴하고자 했고, 전쟁 초기 흥화진의 효과적인 방어로 전투 준비에 필요한 시간을 획득했고 거란군의 전력이 분산되는 등 유리한 전황이었다. 그러나 강조는 거란군의 역량을 간과하고 얕보았다. 결국 총사령관 강조가 생포되고 많은 인명 피해를 입음으로써 곽주·안주·숙주에서 변변한 저항도 못하고 장수들까지 도망하는 사태가 일어났다. 이로 인해 차후 곽주~태주 선과 청천강 선이 붕괴되고 단기간 내에 개경까지 점령당하게 되었다.

반면, 거란군은 흥화진과 통주의 두 성을 점령하지 못함으로써 후방 통로가 차단되고 회군시에는 반격의 발판을 제공하게 되는 부담을 안게 되었다.

곽주 전투

거란군은 통주성을 우회하여 12월 6일에 곽주성을 공략했다.[41] 곽주는 보주와 안주의 중간에 위치하고 있는데, 북계 서로를 이용하여 안주에 도달하기 위해서는 반드시 통과해야 하는 길목이다. 994년(성종 13)에 축성하고 1005년(목종 8)에 보강한 곽주성은 현재의 곽산읍 동북에 위치한 해발 412m의 능한산에 자리하고 있다. 성의 둘레는 2.8km이고 높이는 4~6m에 달한다. 북·동쪽 성벽은 자연 절벽을 이

용하고, 서·남쪽은 경사진 능선을 따라 형성되어 있다.[42]

곽주에서는 두 차례 전투가 있었다. 하나는 12월 6일 거란군이 곽주성을 공략하여 함락시킨 전투이다. 다른 하나는 서경 전투가 한창이던 12월 17일에 도순검사 양규가 흥화진과 통주의 군사를 이끌고 곽주성을 공격하여 열흘만에 재탈환한 전투이다.

12월 초, 거란군이 통주성을 우회하여 곽주로 전진할 때 고려군은 완항령에서 매복전을 실시했다. 좌우기군장군左右奇軍將軍 김훈金訓과 김계부金繼夫·이원李元·신영한申寧漢 등이 완항령[43]에서 매복하고 있다가 거란군을 기습했다. 의외의 공격을 받은 거란군은 일시 후퇴했다.[44]

12월 6일 거란군은 곽주에 도착했다. 곽주방어사 조성유趙成裕는 밤에 도망했고, 우습유右拾遺 승리인乘里仁 대장군 대회덕大懷德 신영한申寧漢 등이 끝까지 저항했으나 곽주성은 거란군에게 점령되었다. 거란군은 군사 6천여 명을 잔류시켜 성을 지키게 했다.[45]

거란군은 곽주성을 확보하여 청천강 이남으로 남진을 계속할 수 있는 중요한 교두보를 마련했다. 반면 고려는 이 전투에서의 패배로 청천강 이북의 최종 거점이 붕괴되었다. 거란군은 청천강을 넘어 안주를 공략하고, 이후 서경까지 파죽지세로 남진하게 된다.

그러나, 12월 16일 흥화진에 있던 양규는 군사 7백 여 명을 거느리고 통주에 이르러 군사 1천 명을 규합했다. 12월 17일, 양규는 거란군의 선두가 서경을 공략하고 있는 동안 곽주를 공격하여 거란 주둔군을 격멸하고 성안의 남녀 7천여 명을 통주로 옮겼다.[46]

곽주 지역의 지형과 전투 상황 거란군은 곽주성을 함락시켜 청천강 이남으로 남진할 수 있는 교두보를 마련했다. 그러나 양규가 열흘 후 곽주성을 탈환함으로써 전세를 역전시켰다.

거란군의 서경 진출과 제1차 강화 교섭

서경 전투는 1010년 12월 11일부터 17일까지 실시되었다. 서경은 현재의 평안남도 평양으로, 개경으로부터 북으로 약 200여 km 떨어진 대동강 하류 북안에 위치하고 있다. 고구려의 수도이면서 나당연합군 70만 명의 포위 공격에서도 고구려가 무려 1여 년 동안 항전을 지속했던 요새지이다. 또한 서경은 청천강에서 개경에 이르는 북계 서로의 길목에 위치하여 고려 건국 초기부터 서북방 경영의 전초 기지이면서 서북방 일대에서 개경 방어의 최후 거점으로써 전쟁의 대세를 판가름할 수 있는 지역이었다.

12월 8일, 곽주를 점령한 거란군은 이를 발판으로 청천강을 건너 안북부를 공격했다. 당시 안북부는 거란군의 청천강 도하를 저지할 수 있는 중요한 거점이었으나 부사 박섬朴暹 등이 도주하여 안북부는 함락되었고,[47] 거란군은 청천강 이남으로 계속 남진했다. 안북부를 함락시킨 거란군과 고려군이 서경 인근에서 치른 전투 상황은

평양성과 평양성의 서쪽 방어성이었던 황룡산성 평양, 즉 서경은 청천강에서 개경에 이르는 북계 서로에 위치하여 서북방 경영의 전초 기지이면서 서북방 일대에서 개경 방어의 최후 거점이었다.

다음과 같다.

12월 9일, 거란군의 선봉은 서경 인근까지 진출하여 중흥사中興寺 탑을 불태웠다.[48] 이에 고려 현종은 거란군이 서경까지 침입한 상황에서 서북방 수비가 여의치 않다고 판단, '고려 국왕의 거란에 대한 입조'를 조건으로 거란군에 강화를 제의했다.

12월 10일, 거란군의 주력 부대는 숙주를 함락하고,[49] 서경을 향해 남진했다. 거란군은 통주 전투에서 포로로 잡은 노의盧顗 등을 서경으로 보내 항복을 권유했다. 서경 부유수 원종석元宗奭 등은 항복을 결정하고 표문表文을 만들었다.

같은 날, 동북방 방비를 담당하던 중랑장 지채문智蔡文의 증원군이 서경성에 도착했다.[50] 그러나 지채문이 서경성에 도착했을 때는 원종석 등이 항복을 결정한 뒤였기 때문에 성문을 열어주지 않았다. 지채문의 휘하인 최창崔昌이 분대어사分臺御史 조자기曹子奇에게 전후 사정을 전해듣고 그의 도움으로 성문을 열고 진입하여 고궁古宮 남쪽에 주둔했다. 지채문은 원종석에게 거란 사절을 억류하고 성을 지킬 것을 권했으나 원종석은 듣지 않았다. 이에 지채문과 최창은 군사를 성의 북쪽으로 보내 돌아가는 거란 사절을 습격하여 살해하고 항복을 약속하는 표문을 불태워버렸다.

그러나 서경성의 분위기는 항전과 항복으로 양분되어 있었다. 이에 지채문 등은 대장군 정충절鄭忠節과 함께 성을 나가 성 남쪽에 주둔하여 전투에 대비했다. 얼마 후 동북면도순검사 탁사정卓思政이 군사를 데리고 와 합류하자 병력이 증강된 지채문은 다시 성에 들어가 서경성을 장악했다.

서경 전투와 거란 성종의 개경유수 임명

고려의 강화 제의를 항복으로 여긴 거란 성종은 일부의 반대에도 불구하고 고려 측의 강화 제의를 수락했다. 그리고 고려를 점령 지역 또는 속국으로 취급하여 마보우馬保佑를 개성유수로, 왕팔王八을 부유수로 임명했다. 마보우와 왕팔을 을름乙凜으로 하여금 기병 1천 명으로 호위하게 하여[51] 개경을 접수하기 위해 출발하도록 했다.

12월 11일, 서경성의 항복을 받아 오라는 거란 성종의 명을 받은 한기韓杞가 돌기突騎 2백여 명을 거느리고 서경성 북문에 이르러 항복할 것을 요구했다. 그러나 탁사정과 지채문은 강경 대응하기로 결정했고, 휘하의 정인鄭仁이 요기驍騎를 거느리고 한기 무리를 습격하여 1백여 명을 살해하고 나머지는 모두 사로잡았다. 이어 지채문이 성밖으로 나가 을름의 군대를 격파했다. 탁사정은 성안에 주둔하고 지채문은 성밖에 진을 치고 거란군을 기다렸다. 서경성 주둔 고려군의 공격으로 강화 교섭은 무산되었다.

12월 12일, 탁사정과 법언法言은 군사 9천 명을 이끌고 서경 외곽의 임원역[52]으로 가서 거란군 3천 명을 베는 전과를 올렸다.

12월 13일, 지채문이 다시 거란군을 격파했고, 고려군은 패주하는 거란 군사를 추격했다. 그러나 마탄[53]에서 역습을 당해 대패했고 마침내 서경성이 포위당했다. 형세가 어려워지자 탁사정은 장군 대도수大道秀와 성의 서쪽과 동쪽으로 나가 전투를 벌이기로 했지만, 서쪽으로 간 탁사정은 밤에 도주했고 동쪽으로 간 대도수는 항복했다.[54]

12월 15일, 통군녹사統軍錄事 조원趙元과 애수진장隘守鎭將 강민첨姜民瞻 등이 탁사정의 도주로 크게 흔들린 민심을 수습하고 성의 방비를 강화했다.[55]

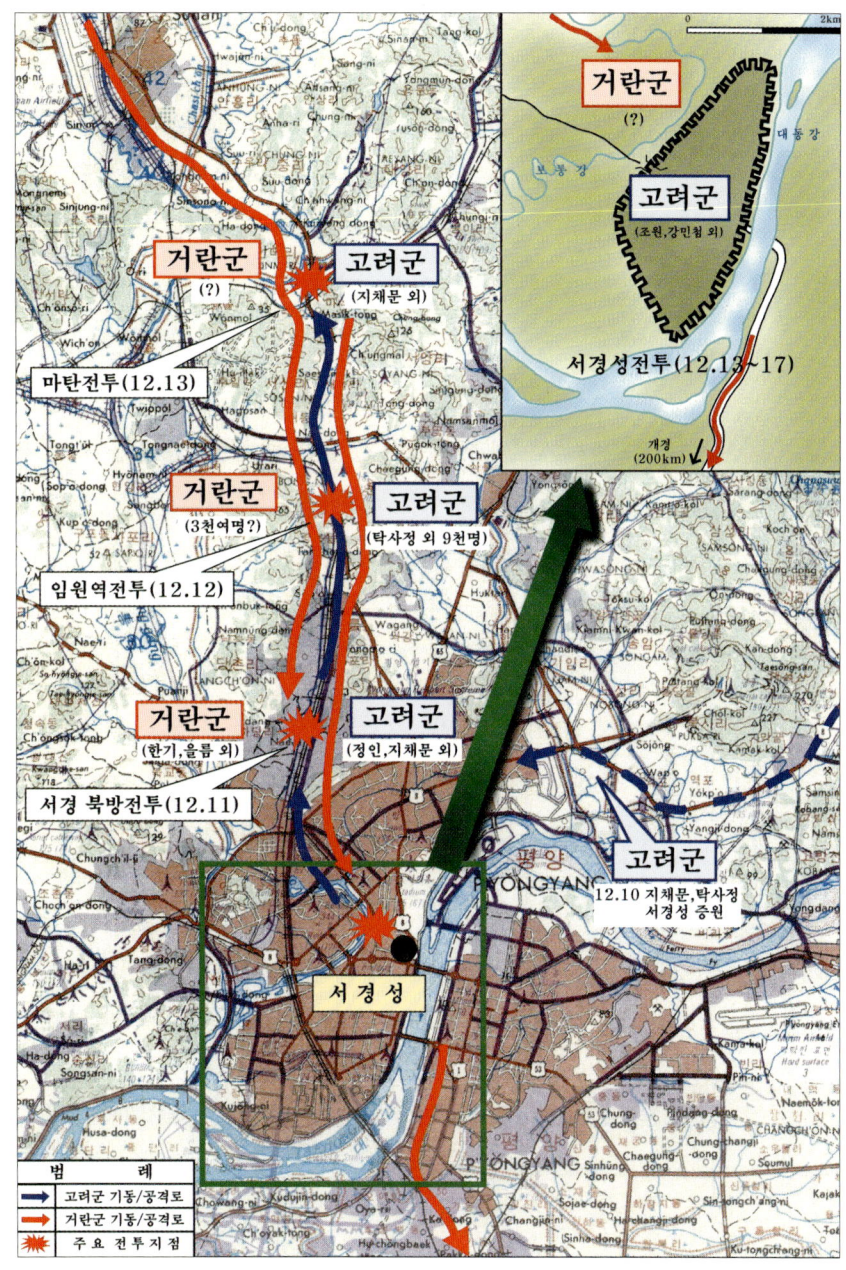

서경 지역의 지형과 전투 상황 거란군은 서경 인근까지 진출했지만 고려의 강화 제의를 받고 방심하여 고려 증원군의 역습을 받아 서경성 공략에 실패했다.

12월 17일, 공격을 계속하던 거란군은 서경성을 함락시키지 못하자 우회하여 남진을 계속했다.[56]

서경 전투는 고려의 제1차 강화 제의를 둘러싸고 양측의 많은 혼란상을 보여준다. 거란군은 통주에서 고려군 주력을 격멸하고 이어 곽주·안주·숙주를 점령하면서 서경 인근까지 진출했다. 그러나 고려의 강화 제의를 받고 방심하여 고려 증원군의 역습을 받아 많은 피해를 입고 서경성 공략도 실패하면서 지체하게 되었다. 거란군은 서경까지 진군하는 과정에서 많은 전력 손실이 있었음에도 불구하고, 고려의 항복을 받아 전쟁 목적을 달성하고자 수도인 개경으로 진군했다.

고려군도 서경 방어를 위해 많은 병력을 투입했다. 그러나 통주 전투에서 총사령관인 행영도통사 강조를 잃고 연이어 곽주·안북부·숙주 등이 함락되자 사기가 저하되었다. 현종이 강화를 제의한 상태에서 서경 주둔군과 증원군이 항복과 항전으로 대립하는 등 지휘 체계도 일원화되지 못하여 거란군의 남진을 저지하는 데 실패했다.

거란군의 개경 입성과 제2차 강화 교섭

12월 28일, 거란군이 서경성을 우회하여 빠르게 개경으로 진출하자 고려 현종은 피난을 결정하고 개경을 출발했다.[57]

12월 30일, 현종이 양주에 도달하자 상서좌사랑중尙書左司郎中 하공신河拱辰은 강조가 거란에 이미 생포되어 있는 상황이므로 화친을 청할 것을 건의했다.[58] 이에 현종은 창화현昌化縣(파주 교하)까지 진출한 거란군 진영으로 하공신과 고영기高英起를 보냈다. 이들은 고려 국왕

제4장 제2차 전쟁

개경의 옛 궁궐터 만월대 2차전에서 고려는 수도 개경을 점령당했고, 국왕 현종은 나주까지 피난가야 했다.

이 거란 성종에게 조회하고자 하지만 군대의 위협으로 오지 못하고 있다고 했고, 거란군은 일단 돌아갔다.

1011년 1월 1일, 거란군은 개경에 입성하여 약탈과 방화를 저질렀다.

1월 3일, 고려는 거란 진영에 하공진을 보내 거란군이 철수하면 고려 국왕이 친조하겠다는 강화 조건을 제시했다.[59] 이를 받아들인 거란 성종은 하공진 일행을 인질로 잡고 1월 11일에 회군했다.[60]

강화 교섭의 성립은 고려와 거란의 현실적인 선택이었다. 고려는 청천강 이북의 주요 거점과 서경을 확보하고 있었다. 그러나 흥화진성·통주성·곽주성·서경성이 많은 피해를 입었고, 수도인 개경이 점령당했고 국왕은 양주를 거쳐 나주 지역으로 피난해 있는 상황이었다. 거란 성종도 개경에 입성은 했지만 열흘 만에 서둘러 회군해야 했는데, 그 이유는 다음과 같다.

첫째, 거란 성종으로서는 명분상의 목적을 달성했다는 것이다. 원정의 명분은 강조를 응징하는 것에 있었다. 이미 강조를 통주 전투에서 생포했고, 생포된 강조를 참살했다. 또한 고려의 수도인 개경을 점령

거란군 개경 진주 당시 전황 개경 진주 당시 거란군의 전투력은 한계에 도달해 있었다. 남진하는 과정의 공성 전투에서 전력의 손실이 많았고 배후 위협을 견제하기 위해 병력의 절반 이상을 잔류시켜야 했다.

하고 고려 국왕의 친조 약속을 받아낸 것은 상대국을 속국화시킨다는 원래의 원정 목적을 달성한 것이라 볼 수 있다.

둘째, 개경 진주 당시 거란군의 전투력이 한계에 도달해 있었다는 것이다. 거란군은 흥화진·통주·곽주 등 공성 전투에서 각각 1주일 이상 전투를 벌여 전력의 손실이 많았다. 배후 위협을 견제하기 위해 흥화진 주변에 20만 명, 곽주에 6천 명을 잔류시켜 개경으로 진주한 군사력은 크게 축소되어 있었다. 또 점령하지 못하고 우회한 여러 성들로부터 후방 위협이 가중되고 있는 상황에서 더 이상 전쟁을 지속하기는 어려웠을 것이다.[61]

여기에 거란군은 동경 요양부에서부터 약 690km의 장거리를 진군했고, 서경 전투 이후에는 짧은 시간에 약 200km를 이동하면서 지형적인 장애를 극복하며 힘겹게 개경에 입성했다. 또한 거란군이 기동한 당시 황해도 지역은 최저 기온이 영하 25°까지 떨어지는 지역이어서 혹한으로 인한 비전투 손실의 증대,[62] 고려의 청야전술로 인한 현지 보급의 악화 등으로 더 이상 전투를 지속할 수 없는 상황이었을 것이다.[63]

셋째, 거란군의 전쟁 종결 시기가 도래하고 있었다는 것이다. 통상 거란의 전쟁 기간은 9~12월까지 4개월이 관례이다. 1010년 10월경에 출병한 거란군은 1011년 1월 중순까지 이미 3개월 반을 넘기고 있어 전쟁을 조기에 종결짓고 회군해야 하는 시점에 놓여 있었다.

거란군의 회군로

1011년 1월 11일 개경에서 회군을 시작한 거란군은 수일 만에 청천강을 도하하여 귀주 방향으로 북상했다. 거란군이 이용한 기동로는 기록이 없어 정확하게 알 수는 없다. 청천강 이남 지역의 회군로는 공격시의 기동로인 평산과 서경을 거쳐 안주에 이르는 북계 서로를 이용한 것으로 추정된다.

거란군의 추정 회군로 제2차 전쟁 당시 청천강 이북에서의 거란군 회군로는 태주→귀주→안의진→홍화진→보주에 이르는 기동로를 이용한 것으로 추정된다. 이 기동로는 통상 북계北界 동로東路라 부른다.

청천강 이북에서의 회군로는 태주→귀주→안의진→홍화진→보주에 이르는 기동로(약 170km)를 이용한 것으로 추정된다. 이 기동로를 통상 북계北界 동로東路라 부른다. 이처럼 거란이 청천강을 도하한 후 험준한 북계 동로를 이용하여 퇴각한 것은 당시 북계 서로 일대의 곽주·통주·홍화진성을 고려군이 장악하여 퇴로를 차단하고 있었기 때문이다. 거란군은 지형은 험하지만 병력 배치가 없는 북계 동로를 택할 수밖에 없었던 것이다.

〈표 4-2〉 개경~보주 간 회군로의 지형 분석

구 분	청천강 이남(서로)	청천강 이북(동로)
기동로	290km	170km
산 맥		강남산맥(횡단기동로길이 80km)
협 곡	5개소 52km	5개소 46km
강·하천	강:3개소(대동강·보통강·예성강)	강 : 2개소(청천강·대령강)
	하천 : 105개소	하천 : 73개소
고 개	7개소	14개소
애 로	13개소	16개소
개활지	평야 : 1개소(평양평야)	
	개활지 : 12개소	개활지 : 9개소

    청천강 이북 지역에 있는 강남산맥은 600~1,700m의 고지군을 연결하고 있는 산맥이다. 강남산맥은 평안도 지역의 산맥 중에서 가장 험한 산세를 보이며 귀주로부터 피현·금광리까지 80km의 거리를 가로 지르고 있다. 회군로로 이용될 수 있는 도로는 400~900m 고지군 사이에 형성되며 최대 570m의 능선을 넘어야 한다. 이 곳의 도로는 현재도 폭이 좁으며, 고개·애로 지역·하천 등이 발달해 있다. 특히 귀주~안의진 구간에는 약 46km에 걸쳐 협곡이 길게 이어져 있고 협곡의 경사가 매우 급하고 폭이 좁아서 내륙 지역 중에서도 험한 지형으로 꼽힌다. 또한 대부분의 구간에 하천이 함께 발달해 있기 때문에 협곡을 통과하는 데는 소로에 의한 기동만이 가능하고 크고 작은 고개들이 많다.

고려 거란 전쟁

고려군의 반격

고려군은 퇴각하는 거란군을 상대로 1월 17일부터 1월 29일까지 집요한 공격을 펼쳤는데, 당시의 전투 상황은 다음과 같다.

1월 17일, 귀주별장 김숙흥金叔興이 중랑장 보량保良과 함께 거란군을 공격하여 1만 명을 격멸했다.[64]

1월 18일, 양규가 무로대無老代에서 거란군을 공격하여 2천 명을 격멸하고 포로 3천 명을 구출했다.[65] 양규는 홍화진에서 무로대 일대를 공격한 이래 계속하여 1일에서 수일 간격으로 전투를 벌였다.

1월 19일, 양규는 이수梨樹에서 전투를 벌이고 석령石嶺까지 추격하여 거란군 2천 명을 격멸하고 포로 1천 명을 구출했다.[66]

고려군의 반격 작전 1011년 1월 11일 개경에서 회군을 시작한 거란군에 대한 고려군의 대대적인 반격이 시작되었다. 고려군의 반격에는 특히 양규의 활약이 컸다.

1월 22일, 양규는 여리참餘里站에서 세 번 전투를 벌여 거란군 천 명을 격멸하고 포로 1천 명을 구출했다.[67] 양규의 석령·여리참 전투는 무로대에서 공격받고 철수하는 거란군을 상대로 벌인 전투로, 구체적인 전투 지역은 확인할 수 없으나 홍화진에서 보주의 중간쯤이었던 것으로 보인다.

1월 28일, 양규는 애전에서 거란군의 선봉을 공격하여 거란군 1천 명을 격멸했고, 거란 성종의 주력 부대가 애전에 도착하자 김숙흥과 함께 싸우다가 전사했다.[68] 애전 전투는 김숙흥과 함께 싸웠고 여리참 전투 이후 6일만에 벌어진 점으로 미루어, 그 위치는 대략 북계 동로의 안의진에서 보주 사이였을 것이다.[69]

1월 29일, 홍화진사 정성은 거란군이 압록강을 건너고 있을 때 공격하여 다수를 수장시켰다.[70]

3. 전쟁의 결과

제2차 전쟁의 특징

제2차 전쟁은 거란 성종이 40만 대군으로 침공하자 고려가 강조를 총사령관으로 동원된 출정군 30만 명과 현지 수비군인 주진군·방수군 10만 명을 포함 40만 명으로 방비한, 대등한 규모의 대병력으로 치루어진 전쟁이었다. 거란 성종은 개경까지 진출하여 고려 국왕의 친조를 약속받고 회군하는 과정에서 막대한 손실을 입음으로써 고려가 승리한 전쟁이었다.

거란의 원정 기간은 9월에 출병하여 12월에 복귀하는 4개월이 기준이었다. 공격 전술은 요새지형 성에 수 차례 공격을 시도하여 탈환이 어려우면 포위시켜놓고 우회하여 목적지로 기동하는 방식이었고, 보급은 현지 조달에 의존했다. 거란군은 요새화된 흥화진성·통주성·서경성 등을 탈환하지는 못했으나, 진군하면서 통주의 삼수채 전투, 서경성 외곽의 마탄 전투 등에서는 고려군에게 많은 피해를 주면서 개경까지 입성했다.

거란군의 전력은 청천강을 중심으로 양분되었다. 거란군은 흥화진·통주·곽주성을 포위하여 고립시키는데 실패함으로써 청천강 북쪽을 고려의 양규군이 장악했기 때문에 추가적인 증원 부대의 투입이 불가능했다. 이로 인해 서경 전투 초기에 거란 성종은 고려의 1차 강화 제의를 수락하고 개경유수를 임명하여 개경을 접수하려고 했다. 그러나 고려 동북계 방어군이 서경에 투입됨으로써 서경성 공략에도 실패했고 개경을 점령했지만 더 이상 진출은 불가능했다.

거란군으로서는 고려의 주력군을 격파하고 출병의 명분이었던 강조를 생포하고 고려의 수도를 점령하는 성과를 얻었다 할 수 있다. 그러나 고려 국왕의 항복을 받지 못한 채 하공신을 인질로 잡고 회군했다. 거란군은 퇴로가 차단되어 남진 경로가 아닌 지형적으로 험한 북계 동로로 도망치듯 회군해야 했다. 더욱이 회군하는 길에 압록강 일대에서 양규군에 의해 참담한 피해를 입고 겨우 압록강을 건너갔다.

한편, 고려는 1차전 이후 거란과 정상적인 사대관계를 유지하면서 강동 6주 지역을 포함하여 거주 지역을 방어할 수 있도록 요충지에 성을 쌓고 기존의 성을 보강했다. 이로써 청천강 유역에 머물던 서북방 방어선을 압록강 인근까지 확장하게 되었고, 압록강에서 청천강·서경에 이르는 북계 서로와 북계 동로에 다중 방어선이 자연스럽게 형성되었다.

고려는 외교적인 노력으로 무력 충돌을 피하려고 하면서도, 거란의 원정이 확실해지자 30만 명을 동원하여 강조를 행영도통사로 임명하여 출정군을 편성, 서북방 지역에 투입하는 등 전쟁 준비에 만전을 기했다. 또 성을 근거지로 하여 청야전술과 개문출격 전술을 병행하는 견벽고수 전법으로 거란의 공격에 대응했다.

고려는 삼수채 전투에서 강조가 생포되고 주력군이 붕괴되어 청천강 이남 곽주·안주성 등의 지휘관이 도주하는 등 위기 상황을 맞았다. 그러나 홍화진을 고수한 서북면도순검사 양규가 피탈되었던 곽주성을 재탈환하여 청천강 이북 지역의 서로를 장악했다. 이로써 거란군의 추가 병력 투입을 차단하고 퇴로를 위협하여 불리하던 전세를 역전시킬 수 있었다.

거란군의 남진에 따른 서경 위협에 대비하여 추가로 투입된 동북면도순검사 탁사정 등은 서경 지역 전투에서 거란군에게 결정적인 타격을 가했다. 이에 거란군은 서경 함락에 실패하고 서경을 우회하여 개경에 진입했다.

또한 청천강 이북 지역을 장악하고 있던 고려의 서북면도순검사 양규는 홍화진성을 근거지로 하여 퇴각하는 거란군을 무로대와 귀주 일대에서 수 차례 공격하여 궤멸에 가까운 많은 피해를 입혔다. 이는 험악한 지형을 이용한 퇴각으로, 저하된 사기, 현지 보급의 곤란 등 거란군의 취약점을 최대한 이용하여 다양한 공세적 전술을 취했기 때문에 가능한 성과였다.

2차전에서 가장 주목되는 인물은 양규이다. 양규는 서희와 비견되는 인물로 서희가 1차전을 승리로 이끌었듯이 양규는 2차전을 승리로 이끄는데 크나큰 역할을 했다. 지휘관으로서의 지도력·용맹성·지략·용병술 등 뛰어난 자질을 갖추고 있던 양규는, 청천강 이북에서 고립된 불리한 상황에도 불구하고 거란군의 증원은 물론 퇴로까지 차단하여 결정적인 피해를 입힘으로써 고려를 승리로 이끌었다. 거란군이 퇴각하던 1011년 1월 18일부터 열흘 동안 양규가 적극적인 기습과 배후 공격으로 거란군 6천 5백 명 이상을 죽이고 포로 3만 5천 명을 구한 것은 2차전에서 고려군이 올린 가장 큰 전과였다.

이러한 양규의 활약은 강조와 비교된다. 초기 전투에서 양규의 효과적인 홍화진 방어로 유리한 전황이었음에도 불구하고, 강조는 거란군의 전술을 얕보다가 삼수채 전투에서 대패하여 자신은 생포되고 고려군 3만여 명의 인명 손실을 입게 했다. 이는 고려군 전체의 사기에 큰 영향을 주어 곽주·안주·숙주에서 변변한 전투도 못하고 장수들까지 도망가는 사태가 벌어졌다. 강조가 대패함으로써 곽주~태주 선과 청천강 방어선이 붕괴되면서 개경까지 점령당하게 되었던 것이다.

제2차 전쟁의 성과와 영향

거란은 2차전을 통해 고려의 수도를 점령하고 강화회담을 통하여 고려 국왕의 친조 약속을 얻어내는 성과를 거두었다. 거란은 서경 전투 당시 고려의 강화 제의를 수락하고 개경유수와 부유수를 임명하여 개경을 접수하여 고려를 속국으로 복속시키려 했지만 실패했다. 이에 개경으로 진출, 점령하여 고려 국왕의 친조 약속을 받아냄으로써 회군할 명분을 얻게 된 것이다. 그러나 회군길에서 막대한 손실을 입었고, 전쟁 종결 이후 고려 국왕의 친조 약속은 지켜지지 않았다. 거란으로서는 전쟁을 통해 얻은 실익이 거의 없었다.

반면, 고려는 2차전을 통해 압록강 이남 지역, 특히 정치·경제·군사적으로 매우 중요한 강동 6주에 대한 지배를 더욱 공고히 함으로써 고려 강역을 압록강 연안으로 거의 확정했다. 뿐만 아니라 거란 황제가 친정한 대군을 물리침으로써 이후 거란과의 전쟁에 대한 자신감을 가질 수 있었다. 이러한 자신감을 바탕으로 고려는 전후 개경과 서경 등 주요 요충지의 복구와 더불어 내치에 더욱 힘쓰면서, 거란에 사대외교를 펴면서도 2차전의 강화 조건인 국왕의 친조는 실행하지 않았다. 이에 강동 6주를 환수하려는 거란과 이를 고수하려는 고려간에 무력 충돌이 다시 일어나게 된다.

제5장

제3차 ~ 제6차 전쟁

강동 6주 쟁탈과 거란의 참패 거란은 2차전에서 고려 국왕의 친조를 약속받은 후 막대한 피해를 입고 회군했다. 그 후 4년이 지나도록 고려가 친조를 거부하자, 거란은 1차전시 할양한 강동 6주의 반환을 요구하며 5년 동안 매년 고려를 공격했다. 고려는 거란의 공격을 모두 성공적으로 방어했다. 특히 6차전시 강감찬은 30만의 우세한 병력으로 지형을 활용하여 소배압이 이끄는 10만 거란군을 섬멸함으로써 6차례 26년간에 걸친 고려·거란 전쟁은 종결되었다.

1. 제3차~제6차 전쟁의 배경

고려의 친조 거부와 거란의 강동 6주 반환 요구

2차전은 고려 국왕이 거란에 친조를 약속함으로써 종결되었다. 고려는 공부낭중 왕첨王瞻을 보내 군대를 철수한 것을 사례하고(1011. 4),[1] 계속해서 거란에 사신을 파견했지만(1011. 8·9),[2] 정작 고려 국왕의 친조는 실행하지 않았다. 회군하던 거란군에게 치명적인 타격을 가해 승리한 고려가 항복이나 다름없는 친조를 이행할 수는 없었다.

고려가 친조를 이행하지 않자, 거란은 2차전의 협상을 담당했던 하공신을 처형했다(1011. 12).[3] 고려가 채충순蔡忠順을 보내 전과 같이 칭신稱臣하며 사대하겠다고 했을 때도, 거란은 고려 국왕의 친조를 거듭 요구했다(1012. 4).[4] 그러나 고려는 형부시랑 전공지田拱之를 파견하여 국왕이 신병으로 친조할 수 없다고 하면서 거부했다(1012. 6). 이에 거란 성종은 강동 6주의 환수를 명했다.[5]

1013년 3월부터 거란은 강동 6주의 반환을 본격적으로 요구하기 시작하여 그 해 7월과 다음해 2월에도 재차 사신을 보냈다.[6] 1년 동안 강동 6주의 반환을 요구하는 사신을 3차례나 보냈던 것이다.

강동 6주의 지정학적 중요성

거란이 1차전시 강동 6주를 할양했던 것은, 이 지역을 직접 장악하는 것 보다 고려가 사대만 하면 조공을 받고 대송 외교를 차단하는 게 유리했기 때문이다. 그러나 그렇지 않은 상황에서는 거란에게 강동 6주의 지정학적 중요성은 매우 컸다.[7]

거란은 1차전 후에 압록강을 중심으로 고려·여진·송·거란간의 교역로를 장악하기 위해 보주에 각장을 설치했다(1005). 또한 2차전에서는 강동 6주를 제대로 공략하지 못했기 때문에 고려를 복속시키려던 목적을 달성하지 못했던 곳이다. 뿐만 아니라 강동 6주는 거란의 영향권에서 벗어나 있는 한반도 동북방의 동여진이 황해로 남진하는 것을 차단할 수 있는 곳이기도 했다.[8]

고려에게도 강동 6주의 지정학적 중요성은 컸다. 고려는 1차전 이후 강동 6주에 집중적으로 성을 구축하여 방비 태세를 강화했다. 이러한 강동 6주를 잃는 것은 청천강 이북 지역의 영토를 포기하는 것이 될 뿐만 아니라 청천강 이남 지역의 방어도 위협받게 된다. 또한 강동 6주는 고려가 압록강 연안으로 영토를 확장하기 위한 발판이 되는 지역이다.

결국, 강동 6주는 고려·거란 양국에게 절대적으로 필요한 전략·전술적 요충 지역이었고, 양국은 이 지역을 확보하기 위해 제3차에서 제6차에 걸친 전쟁을 하게 된다.

2. 제3차 전쟁

거란의 전쟁 준비

거란은 강동 6주의 반환을 요구하는 사신을 계속 보내도 고려가 수용하지 않자 무력 위협을 병행했다.

거란은 야율행평耶律行平을 보내 강동 6주 반환을 요구했으나 고려는 거절했다(1013. 3). 1013년 5월, 거란군은 압록강을 건너 홍화진에

제3차 전쟁의 개황 1014년 9월 원정을 단행한 거란군은 통주, 흥화진을 공격했으나 실패했다.

대한 기습 공격을 시도했다. 이에 고려에서는 흥화진의 대장군 김승위金承渭가 거란군의 압록강 도강을 저지시켰다.[9] 거란의 무력 시위에도 불구하고 거란은 연호를 개태開泰로 고친 사실을 고려에 통보했고[10] 고려는 하례하는 사신을 보내는 등,[11] 양국의 외교 교섭은 지속되고 있었다.

거란 성종은 국구상온國舅詳穩 소적열蕭敵烈과 동경유수 야율단석耶律團石에게 고려 침공의 조서를 내리면서(1014. 6)[12] 압록강에는 부량浮梁을,[13] 압록강 동서 양안에는 보주성·선의진·정원성을 구축하게 했다.[14] 원정군은 소적열이 도통으로 임명되어 지휘했다. 원정군 규모는 약 15만 명 정도였을 것이나 실제 압록강을 도하하여 공격한 원정군 규모는 알 수 없다. 전쟁 준비를 마치고도 거란은 강동 6주 반환을 요구하는 사신을 재차 보냈으나 고려가 거부하자 원정을 단행했다(1014. 9).

통주·흥화진 전투

1014년 10월 6일, 거란군은 통주를 공격했으나 흥화진을 지키던 장군 정신용鄭神勇과 별장 주연周演이 거란군의 배후를 공격하여 7백여 명을 사살하고 많은 인원을 강에 익사시켰다.[16] 이에 거란군은 압록강 연안으로 퇴각하여 부량과 성곽을 보강하는 등 전열을 재정비하면서 다시 공격을 준비했다.

1015년 1월, 고려는 거란이 압록강 도하를 위해 교두보로 설치한 부량과 성곽을 공파하려 했으나 성공하지 못했다.[17]

1월 22일, 거란군이 흥화진을 포위하자 고려 장군 고적여高積餘와 조익趙弋이 물리쳤다.

1월 23일, 거란군은 다시 통주를 공격했다.[18] 이 때의 공격에 거란군은 여진 제부諸部의 군대를 동원했다.[19]

제3차 전쟁의 특징

3차전은 2차전의 강화 조건이었던 고려 국왕의 친조가 이루어지지 않자 강동 6주를 무력으로 환수하려는 거란의 침공을 고려가 효과적으로 격퇴한 전쟁이다.

소적열이 도통이 되어 편성된 원정군은 압록강에 부량을 설치하고 3개 성을 쌓는 등 많은 준비를 했다. 거란군은 강동 6주의 하나이고 청천강 이북 방어선의 핵심 요충지인 통주를 공격했으나 실패했다. 이에 압록강 북안에서 3개월 동안 전열을 재정비하여 흥화진을 포위하고 통주를 다시 공격했으나 실패했다.

한편, 고려는 2차전에서 승리한 후 거란의 재침공에 대비하여 외교적 노력과 함께 전쟁 준비를 계속 해왔다. 특히 전쟁 중에 일어난 최질·김훈의 난으로 혼란한 상태였음에도 불구하고, 서북방을 방비하는 장수와 군사들이 선전하여 거란군을 물리칠 수 있었다.

여기서 기존 연구와 달리 1014년 10월에서 1015년 1월까지 있었던 거란군의 원정을 전쟁 차수로 규정했다. 그 이유로는, 이 원정이 『요사』「병위지」에 기록된 정상적인 원정 형태를 취하여 국구상온 소적열을 도통으로 임명하여 지휘하게 했다는 점, 원정군 편성에는 중앙군으로 보이는 대군과 여진 제부諸部가 포함되었다는 점, 전쟁 준비 과정에서 사전에 압록강 인근에 성과 부량을 설치하는 치밀성과 적극성을 보였던 점 등을 들 수 있다.

3. 제4차 전쟁

거란의 전쟁 준비

3차전 이후에도 거란의 강동 6주 반환 요구는 계속되었다. 거란은 야율행평耶律行平을 보내 강동 6주의 환수를 요구했으나(1015. 4.),[20] 고려는 야율행평을 억류하고 돌려보내지 않았다.[21] 거란의 요구를 거부로만 일관하던 고려가 3차전 후에는 거란 사신을 억류할 만큼 강경한 태도로 대응한 것이다.

1015년 5월, 거란은 사신이 억류되자 다시 고려 원정을 준비했다. 북부재상北府宰相 유성劉晟을 도통으로, 추밀사樞密使 야율세량耶律世良을 부관으로, 전전도점검殿前都點檢 소굴열蕭屈烈을 도감으로 임명하여 원정군의 지휘부를 구성했다.[22] 그러나 출정 책임자인 유성劉晟이 원정에 참여하지 못하게 되자 야율세량耶律世良과 소굴열蕭屈烈에게 군대를 합쳐 출진하게 했다. 원정군은 북부중부족군과 여진의 제진에서 동원되었다. 도통이 임명된 원정군은 15만 명 이상으로 편성하는 관례로 보아 상당한 규모로 편성했을 것으로 보인다.

1015년 9월 7일, 거란은 감문장군監門將軍 이송무李松茂를 사신으로 보내 강동 6주의 환수를 요구했으나,[23] 고려가 거절하자 4차전을 일으키게 된다.

통주·영주 전투

1015년 9월 12일, 거란군은 3차전처럼 통주를 공격했다.

9월 16일, 통주를 공격하고 있던 거란군의 배후를 흥화진에 있던 대장군 정신용鄭神勇과 별장 주연周演이 공격하여 거란군 7백여 명을 죽였다. 그러나 고려군도 정신용과 주연을 비롯하여 산원 임억任憶, 교위 양춘楊春, 대의승 손간孫簡, 태사승 강승영康承穎 등 6명의 장수를 잃었다.[24]

9월 20일, 통주성 공격에 실패한 거란군은 우회하여 청천강 남쪽의 영주(안주)를 공격했으나 끝내 함락시키지 못하고 후퇴했다.

9월 23일, 영주성 공격에 실패하고 후퇴하는 거란군을 뒤쫓던 고려 대장군 고적여高積餘와 장군 소충현蘇忠玄·고연적高延迪·산원 김극金克·별장 광언光言이 전사하고, 병마판관 왕좌王佐와 녹사 노현좌盧玄佐가 포로로 잡혀갔다.[25]

통주와 영주성 전투에서 실패한 거란군은 압록강 이북으로 철수했다.

고려 거란 전쟁

제4차 전쟁의 개황 1015년 9월 거란군은 통주·영주 공격에 실패하자 압록강 이북으로 철수하여 전열을 재정비한 후, 1016년 1월 곽주를 공격하여 고려군 수만 명을 사상시키는 전과를 올렸다.

곽주 전투

압록강 이북으로 철수한 거란군은 압록강 연안에서 재정비하여 대대적으로 다시 공격할 준비를 했다. 1015년 11월, 동경의 승려를 도태시켜 병력으로 귀속시켰고 상경과 중경의 제궁諸宮으로부터 5만 5천 명의 정병을 선발하여 증원군을 편성했다.[26]

거란이 압록강 연안에서 전열을 재정비하고 있을 때, 고려는 민관시랑民官侍郎 곽원郭元을 송에 사신으로 보내 군사 원조를 요청했다 (1015. 11).[27] 그러나 군사 원조는 얻지 못하고 거란과의 화해를 종용하는 조서를 받는데 그쳤다.[28]

1016년 1월 5일, 야율세량과 소굴열은 증강된 군사를 이끌고[29] 곽주를 공격하여 고려군 수만 명을 사상시키고 많은 장비를 획득하는 전

과를 올렸다.[30]

제4차 전쟁의 특징

거란은 강동 6주 환수를 요구하는 사신을 고려가 억류시키자 3차전 이후 8개월만에 4차전을 일으켰다. 4차전에서 거란은 통주·영주·곽주를 공격하여 영주·곽주 전투에서 많은 전과를 올리기도 했으나 결국 실패하고 퇴각했다.

거란이 통주를 공격하여 함락시키지 못하자 영주를 공격한 것은 이 지역을 확보하여 청천강 이북 지역을 탈취하려 했던 것으로 보인다. 그러나 영주 공략에도 실패하자, 압록강 연안에서 상경·중경 등지의 정병을 증원받는 등 3개월 동안 재정비한 후 곽주를 재차 공격하여 고려에 많은 피해를 입혔다.

고려는 4차전에서 거란 사신 야율행평을 억류하고 송에 사신을 보내 군사를 요청하는 등 강경한 항전 의지를 나타냈다. 고려군은 성 위주로 수성전을 펼치면서도 통주와 영주 등지에서 적극적인 개문출격 전술을 구사하여 강동 6주의 제성을 확보하는 데는 성공했으나, 전투에서 많은 피해를 입었다.

여기서 1015년 9월부터 이듬해 1월까지 거란군의 원정을 전쟁 차수로 규정하는 이유는 다음과 같다. 3차전처럼 정상적인 원정 형태를 취하여 북부재상 유성을 도통으로 임명한 점, 1차 동원하여 원정에 실패하자 상경과 동경에서 병력 5만 5천 명을 추가로 동원시킨 점 등은 정상적인 국가 차원의 원정이기 때문이다.

4. 제5차 전쟁

거란의 전쟁 준비

4차전을 전후로 고려는 거란의 강동 6주 반환 요구와 무력 침공에 더욱 강경하게 대응했다. 1016년 1월 9일, 거란 사신 10여 명이 압록강에 도달했으나 고려는 받아들이지 않았고,[31] 이 해부터 거란 연호 대신 송의 연호를 사용하기 시작했다.[32] 이러한 움직임은 거란에 사대를 하지 않겠다는 강한 의지의 표명이었다.

1017년 2월, 거란 성종은 국구장상온國舅帳詳穩 소외와蕭隗洼에게 고려 침공의 조서를 내렸다.[33] 이 때의 명령은 바로 실행되지 않았다. 3개월 후인 5월에 다시 추밀사 소합탁蕭合卓을 도통으로, 한인행궁도부서漢人行宮都部署 왕계충王繼忠을 부관으로, 전전도점검殿前都點檢 소굴열蕭屈烈을 도감으로 임명했다. 이튿날 소합탁에게 검을 내려 군대에서의 독자적인 처벌권을 부여했다.[34]

원정군의 규모는 한인漢人들이 동원되었고 도통이 임명된 원정군은 15만 명 이상이어야 한다는 관례로 보아 상당한 규모였을 것이나, 실제 압록강을 건너 공격한 규모는 알기 어렵다.

흥화진 전투

1017년 8월 28일, 거란군 소합탁은 흥화진을 포위 공격했다. 이 전투는 9일간이나 계속되었고, 고려 장군 견일堅一·홍광洪光·고의高義 등이 성밖으로 나가 싸워 큰 전과를 올렸다.[35]

제5장 제3차~제6차 전쟁

제5차 전쟁의 개황
1017년 8월 거란군이 흥화진을 포위 공격하여
전투가 9일간이나 계속되었으나, 고려군이 성밖으로 나가 싸워 큰 전과를 올렸다.

제5차 전쟁의 특징

5차전은 고려가 강동 6주 반환을 거부하고 송의 연호를 사용하면서 더욱 강경한 입장을 표방하자 거란이 다시 침공하여 패퇴한 전쟁이다.

거란의 제5차 침공은 통상적인 원정 시기보다 빠른 8월에 이루어졌고 도통으로 임명된 소합탁에게 처벌권까지 부여했다는 특징이 있다. 이는 거란이 전장에서 군기를 더욱 강화하여 군사를 독려하려는 것으로, 3차전·4차전 때보다도 강동 6주 탈환에 더욱 집착하고 서둘렀음을 보여준다.

거란군은 5차전에서 그 동안 공격하지 않았던 홍화진을 공격했으나 실패하고 9일만에 회군한 것으로 보인다. 사료가 없어 알 수는 없지만, 앞서 거란이 송 정벌(1001. 10)에서 길이 질어져 10일 만에 회군한 것처럼 어떠한 사정이 있었던 것으로 보인다.

5차전 후 고려는 거란에 사신을 보내 화해를 청했다(1018. 10).[36] 이는 거란 침공을 막아낸 자신감의 표현으로 적당한 선에서 거란의 명분을 세워주고 실리를 얻어내려는 의도로 해석된다. 그러나 거란은 고려의 강화 요청을 수용하지 않았다.

여기서 1017년 8월에서 9월까지의 거란 원정을 전쟁 차수로 규정한 이유는 다음과 같다. 이전의 전쟁과 마찬가지로 조서를 내리는 정식 출정 절차를 거쳤고, 추밀사 소합탁을 도통으로 임명한 정상적인 절차에 의한 원정이었고, 홍화진 지역에 국한되었지만 9일간이나 치열한 전투가 벌어졌기 때문이다.

5. 제6차 전쟁

양국의 전쟁 준비

제3차~제5차전을 통해 강동 6주의 탈환에 실패한 거란은 1018년 다시 전열을 가다듬어 고려 원정을 시도하게 된다.

1018년 9월, 거란 성종은 전국의 말을 모아 고려 원정군에게 지급하도록 했다.[37]

1018년 10월, 거란은 동평군왕東平郡王 소배압蕭排押을 도통으로, 전전도점검殿前都點檢 소허열蕭虛列을 부통으로, 동경유수 야율팔가耶律八哥를 도감으로 임명했다. 이 때 원정군 사령관으로 임명된 소배압은 거란 성종이 친정한 2차전에서 도통 직책으로 고려 수도 개경까지 진출한 인물이다.[38] 이 때 동원된 원정군은 관례로 볼 때 15만 명 이상일 수 있으나, 소배압이 10만 명 내침했다고 한 것은 압록강 이남으로 넘어온 병력을 가리키는 것으로 보인다.

1018년 10월 28일, 거란은 고려의 변방을 지키는 관리들에게 항복하면 후한 상을 줄 것이고 버티고 저항하는 자는 후회해도 늦을 것이라고 위협을 가했다.[39]

한편, 고려는 강감찬姜邯贊이 지휘하는 방어군을 편성하여 대비하는 동시에 평화적으로 해결하려는 외교적 노력도 강구했다.

1018년 10월, 평장사平章事 강감찬을 서북면행영도통사로 임명했다. 그리고 예빈경禮賓卿 원영元穎을 거란에 파견하여 전쟁을 평화적으로 해결하고자 했으나, 거란은 고려의 화평 제의를 거절했다. 원영의 귀환으로 거란의 침공이 확실해지자 고려는 만반의 대책을 강구했다.

1018년 12월, 고려는 행영도통사 강감찬을 상원수上元帥로, 대장군

고려 거란 전쟁

제6차 전쟁의 개황 1018년 침공한 거란군은 흥화진 인근의 삼교천 전투에서 패했고, 이후 개경을 공격하려 했으나 내구산·마탄·금교역 전투에서 패했다. 퇴각하는 거란군은 연주·위주에서 고려군의 기습을 받았고, 다시 귀주에서 대패했다.

강민첨姜民瞻을 부관으로 임명하고[41] 20만 8천여 명의 출정군을 영주 일대에 배치하였다. 이로써 고려는 북계의 주진군을 포함하여 약 30만 명에 달하는 방어군을 편성했다.

거란군의 기동로

6차전시 거란군은 압록강을 도하한 후 흥화진을 우회하여 내륙 지역의 북계 동로로 개경 일대까지 진출했다. 거란군은 청천강 이북에서는 흥화진→안의진→태주→개주를 거쳐 청천강에 이르는 약 170km를 기동했다.[42] 청천강 이남에서도 개주→순천→강동→수안 →신은현에 이르는 약 270km의 북계 동로를 이용했던 것으로 추정된다. 퇴각로도 공격했던 기동로를 다시 사용했을 것으로 보인다.

거란군이 이용한 청천강 이북 지역의 기동로인 북계 동로는 2차전시 회군로와 일치한다. 여기서는 청천강 이남 지역의 내륙 지역에 걸쳐 있는 북계 동로에 대해 알아본다.

이 지역은 청천강 이북 지역 못지 않게 험악한 산악 지형이다. 언진산맥과 멸악산맥에 의한 협곡과 단애 지역이 많고, 대소 하천이 종횡으로 연속해서 산재해 있다. 이 기동로상에는 협곡 5개소 44km, 고개 12개소, 애로 지역 23개소가 있다. 특히 강동과 수안 일대는 언진산맥과 멸악산맥의 영향으로 협곡·애로·고개가 집중되어 있어 기동에 많은 제한을 준다.

〈표 5-1〉 보주~신은현 간 북계 동로의 지형 분석

구 분	청천강 이북	청천강 이남
기동로	170km	270km
산 맥	강남산맥 (횡단 기동로 길이 80km)	언진산맥·멸악산맥 (횡단 기동로 길이 65km)
협 곡	5개소 46km	5개소 44km
강 및 하천	강 : 2개소(청천강·대령강) 하천 : 73개소	강 : 2개소(대동강·예성강) 하천 : 132개소
고 개	14개소	12개소
애 로	16개소	23개소
개활지	9개소	20개소

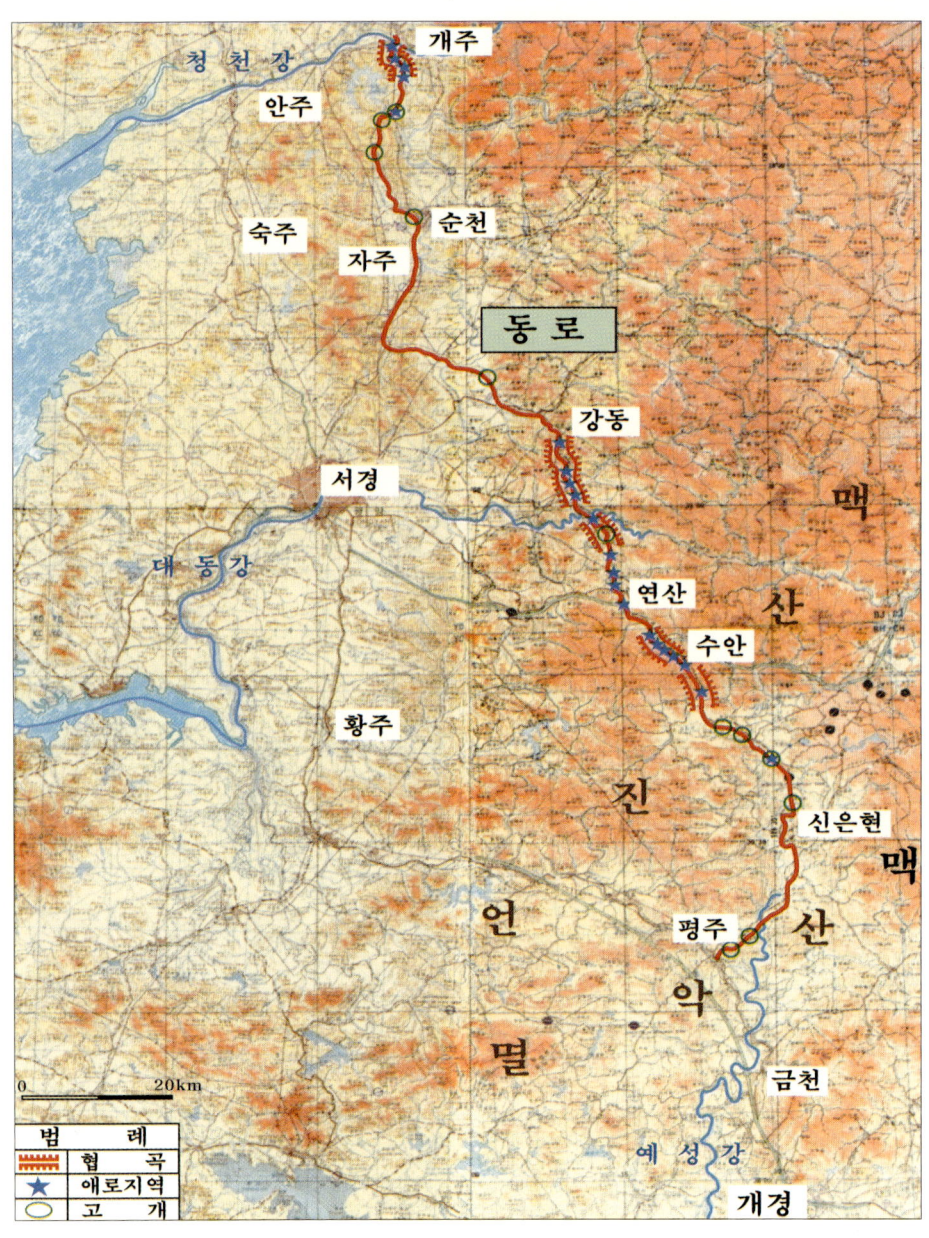

제6차 전쟁시 거란군의 추정 기동로 거란군은 청천강 이남에서도 개주→순천→강동→수안→신은현에 이르는 약 270km의 북계 동로를 이용했던 것으로 추정된다.

삼교천 전투

1018년 12월 10일, 압록강을 도하한 거란군은 삼교천 일대에서 강감찬이 지휘하는 고려군과 첫 전투를 치루었다. 삼교천은 흥화진성을 동쪽에서 서쪽으로 둘러싼 하천이다. 고려는 거란의 침입이 있기 전에 영주에 주둔하던 출정군을 이 지역에 배치했을 것이다.

지금까지의 전쟁에서 계속 흥화진성 공략에 실패한 거란군은 6차 침공에서는 흥화진성을 공격하지 않고 우회하는 작전을 세웠을 것이다. 거란군이 흥화진성을 우회하기 위해서는 현재의 조양골·서하동·지경동을 거쳐 피현 일대로 이동하든지 석교리와 감초리를 거쳐 피현 일대로 이동해야 했다.

거란군이 흥화진성을 우회할 것이라는 작전 의도를 감지한 강감찬은 우회로상에서 수공을 겸한 매복 작전을 계획했다.[43] 즉 삼교천의 물 흐름이나 둑을 쌓기 위해 폭이 좁아지는 지형을 고려한 강감찬은 석교리 일대의 삼교천 상류에 담수할 수 있는 둑을 만들고 거란군이 석교리 일대를 지나는 시기를 이용하여 수공을 실시할 계획이었다.[44]

이에 고려군은 조양골 일대에서 매복을 실시하여 거란군을 석교리 방향으로 유인한 후 삼교천을 도섭하는 도중 막아놓았던 둑을 터트렸다. 전열이 와해된 거란군을 석교리·동포천·피현 일대에서 매복하던 병력이 공격하여 대승을 거두었다.[45]

내구산·마탄 전투와 개경 방어

거란군은 삼교천 전투 이후 별다른 전투 없이 북계 동로를 이용하여 곧바로 청천강을 건넜다. 이후 내구산과 마탄에서 전투가 이루어지는 것으로 미루어, 거란군은 고려군의 주력이 배치된 북계 서로를 피해

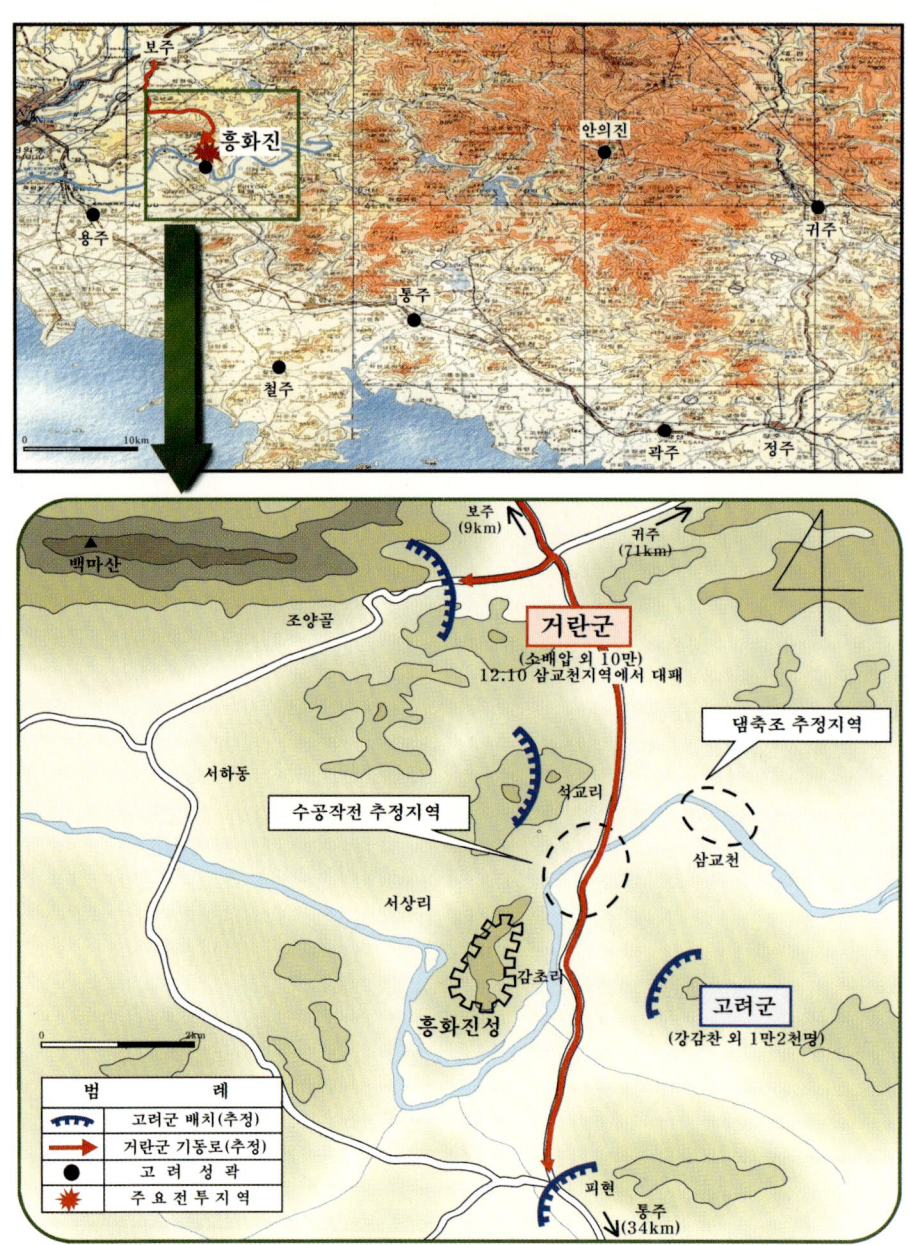

삼교천 지역의 지형과 전투 상황 고려군은 조양골 일대에서 매복을 실시하여 거란군을 석교리 방향으로 유인한 후 거란군이 삼교천을 건널 때 막아놓았던 둑을 터뜨렸다.

개경으로 진군하고자 한 것으로 보인다. 이에 고려는 영주(안주)를 중심으로 북계 서로를 집중적으로 대비하던 군사를 움직여 거란군의 남진에 대비했다.

1018년 12월 하순경, 강감찬은 강민첨을 보내 거란군을 추격하게 하여 자주의 내구산에서 크게 전과를 올렸다. 시랑侍郞 조원趙元은 마탄에서 다시 거란군 1만여 명을 사살하고 격파했다.[46]

1018년 12월 26일, 개경 일대의 경계를 강화하는 조치를 취했다.[47]

1019년 1월 2일, 병마판관 김종현金宗鉉에게 1만 명의 군사를 이끌고 개경으로 가도록 했고, 동북계의 군대 일부도 개경으로 이동시켜[48] 개경을 방어하기 위한 조치를 취했다.

금교역 전투와 거란군 퇴각

금교역 전투는 1019년 1월 개경으로 압박해 들어오는 거란군과 이를 저지하려는 고려군 사이에 전개되었다.

1019년 1월 3일, 거란군은 개경 북쪽 100리 지점의 신은현에 도착했다. 고려군은 거란군의 남진에 대비하여 개경 성외의 민호를 성내로 이주시키고 청야 전술을 실시하여 장기전에 대비했다.[49] 이렇게 되자 거란군의 개경 공략도 용이하지 않았다. 거란군이 곧바로 개경을 공격하지 못한 것은 고려군이 변방의 군사력을 신속히 전환하여 개경 방비를 강화했고, 장거리 기동에 따른 후방 위협, 전투력 소모, 보급상의 문제, 겨울 추위 때문이었던 것으로 보인다.

1019년 1월, 소배압은 고려 진영에 야율호덕耶律好德을 사신으로 보내 거란군이 회군할 것이라고 허위 사실을 알리면서 은밀히 정찰 부대인 원탐난자군 3백여 기를 개경 쪽으로 출동시켰다. 그러나 이를 알

아차린 고려군은 거란군이 금교역 일대를 지날 때 습격하여 모두 격멸했다.[50]

금교역 전투에서 패배한 거란군은 개경 공략을 포기하고 퇴각할 수밖에 없었다. 2차전과는 달리 비교적 소규모의 병력으로 공격했고, 청천강 이남에서조차 퇴각로를 보호할 수 있는 요충지를 확보하지 못했으며, 청천강 이북에서도 고려군의 주력 부대가 전투력을 온전히 보존하고 있었다.

1019년 1월 23일, 강감찬은 연주와 위주 지역에서 북계 동로로 퇴각하는 거란군에 대한 반격을 실시하여 거란군 5백여 명을 베는 전과를 거두었다.[51]

귀주 전투

고려군은 연주·위주 전투에서 많은 피해를 입고 퇴각하는 거란군을 귀주에서 공격하여 대승을 거두었는데, 이 전투가 잘 알려진 귀주대첩이다.

귀주는 현재의 평안북도 구성시 일대로 북계 동로의 보주와 태주 사이에 위치하고 있다. 귀주 일대는 사면이 산으로 둘러 쌓인 분지 형태이고, 북으로는 삭주와 보주로, 남으로는 정주와 태주로 연결되는 도로망이 좁고 험한 계곡을 연하여 형성되어 있다.

귀주성은 해발 229m의 용산의 자연 지형을 적절히 이용하여 구축되었다. 성의 외곽으로는 동문천과 지류들이 장애물 역할을 하고 있어, 귀주를 통과하는 도로에 대한 효과적인 통제가 가능한 요충지였다. 994년(성종 14)과 1005년(목종 8)에 축성했으며,[52] 동·서·북쪽은 절벽이거나 경사면으로 이루어져 있고 남쪽은 평지와 연결된 일종

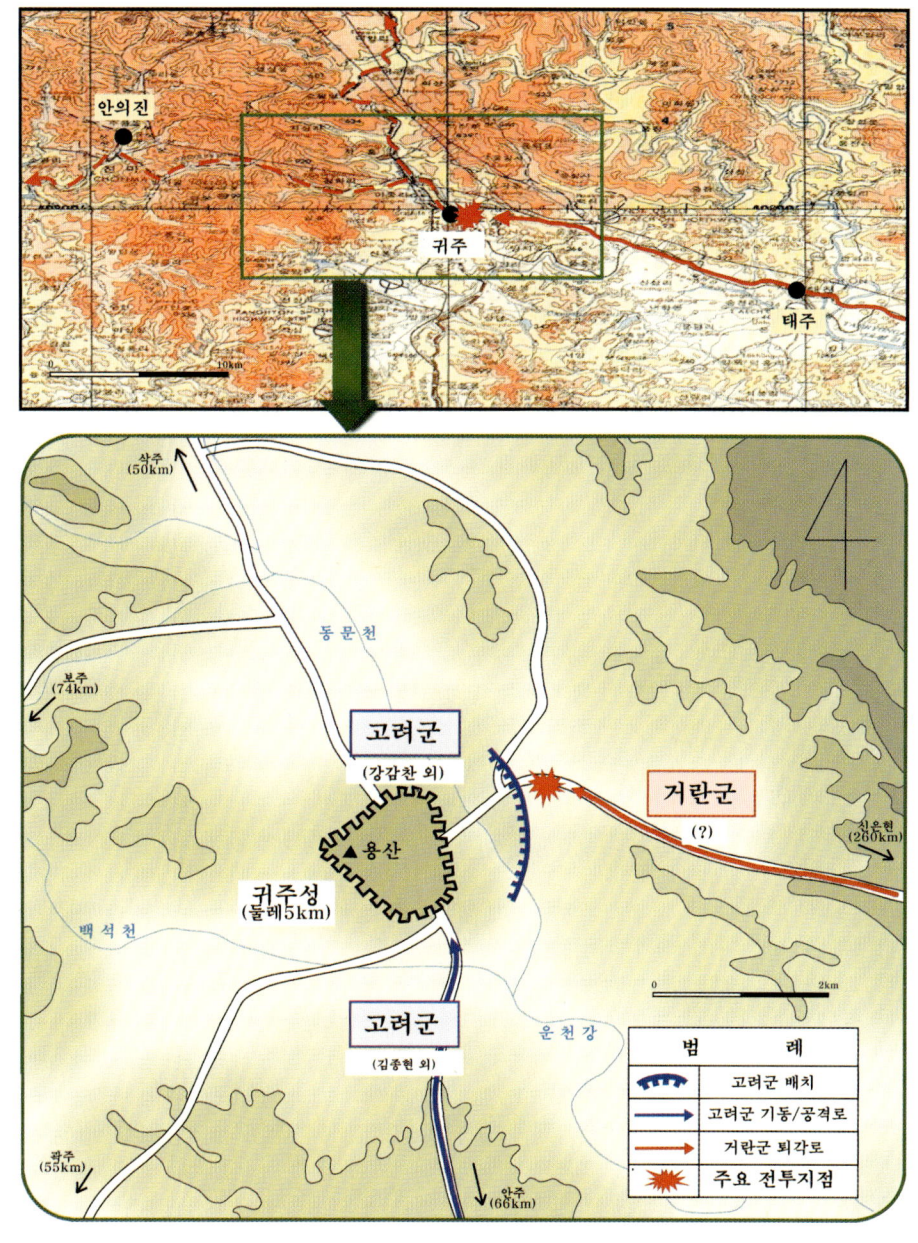

귀주 지역의 지형과 전투 상황 귀주에서 고려군은 강감찬이 거란군의 퇴로를 차단하고 김종현이 거란군의 배후를 공격하는 협격 작전을 실시했다.

의 평산성平山城이다.[53]

1019년 2월 2일, 귀주를 지나가는 거란군을 강감찬 등이 동교東郊에서 맞아 싸웠으나 승패가 나지 않았다. 김종현이 병사를 이끌고 왔을 때 갑자기 바람이 남쪽에서 불어오자 고려군이 형세를 타고 분발하여 공격했다. 패배하여 도망하는 거란군을 고려군이 추격하여 석천石川을 건너 반령盤嶺에 이르렀다. 이 전투에서 거란군의 시체는 들을 덮었고 사로잡은 인구人口와 마타馬駝 · 갑주甲冑 · 병장兵仗은 이루 헤아릴 수 없을 정도였다. 살아 돌아간 거란군은 불과 수천 명에 지나지 않아 거란군의 패전은 어느 전쟁에서보다 극심했다.[54]

귀주 전투는 고려군이 거란군의 퇴로를 차단하고 김종현의 배후 공격과 함께 협격 작전으로 대패시킨 후 패주하는 거란군을 추격하여 막대한 피해를 입힌 전투였다.

제6차 전쟁의 특징

6차전은 고려가 거란과의 전쟁 중에서 가장 큰 승리를 거둔 전쟁이었다. 퇴각하는 거란군을 섬멸한 귀주 전투를 마지막으로 고려 · 거란의 26년간에 걸친 전쟁은 종식되었다.

거란군은 초기에 삼교천 전투에서 크게 패했음에도 불구하고 험준한 북계 동로로 무리하게 개경까지 진입을 시도했기 때문에 참패했다. 거란군은 계속된 전쟁(3차전~5차전)에서 매번 실패를 거듭하자, 객관적인 전투력과 지형 · 기상 등 전투 여건을 고려하지 않고 무리하게 남진을 강행했던 것이다.

반면, 고려군은 2~3배 우세한 군사력, 준비된 성, 잘 알고 있는 지

제5장 제3차~제6차 전쟁

낙성대 사당에 모셔져 있는 강감찬 장군의 초상화 귀주 전투의 대승은 출정군 총사령관 강감찬의 전략·전술적 식견과 뛰어난 용병술로 가능했다.

형 등 유리한 여건이었다. 이를 바탕으로 고려군은 산악 지형에 몰린 상태에서 계속 공격하는 거란군의 진출 방향에 따라 기동성 있게 전투력을 운용하여 거란군의 남진을 차단했다. 또한 눈과 추위 속에서 험준한 북계 동로로 퇴각하는 거란군을 귀주에서 퇴로를 차단하고 추격군과 협격함으로써 어느 전쟁에서보다 대승을 거두는 쾌거를 올릴 수 있었다.

이처럼 6차전을 쾌거로 끝낼 수 있었던 데에는 출정군 총사령관 강감찬의 전략·전술적 식견과 뛰어난 용병술이 작용했다. 전쟁 초반에는 거란군의 홍화진 지역에서의 우회 기동로를 예견하고 타격이 용이한 삼교천 일대에서 매복과 수공 작전을 펼쳐 거란군의 기세를 꺾었다. 또한 북계 서로에 전력을 집중 배치해서 거란군의 진출을 차단했고, 거란군이 험준한 북계 동로를 이용해 개경으로 남진했을 때는 기병을 운용하여 개경 방비를 강화하면서 신은현 일대에서 거란군의 진출을 차단했다. 특히 퇴각하는 거란군을 귀주 일대에서 협공 작전으로 거의 궤멸시켜 6차례에 걸친 거란과의 전쟁에서 가장 큰 승리를 거둘 수 있었던 것이야말로 강감찬의 역량이 유감없이 발휘된 결과라고 할 수 있다.

6. 제3차~제6차 전쟁의 평가

1014년부터 1018년까지 네 차례의 전쟁은 마지막 6차전에서 거란의 참담한 패배로 강동 6주를 둘러싼 영토 분쟁은 끝나게 된다.

거란은 매 침공시 도통을 임명하여 출정하는 정상적인 원정 절차를 거쳤기 때문에 기존 연구와는 달리 3~5차전을 전쟁 차수로 포함시켰다. 그러나 이 때 동원된 병력 규모는 기록이 없어 정확히 알 수 없다. 6차전의 경우 10만 명 규모로 침공했다고 기록되어 있는데,「병위지」의 도통 임명시 원정군 규모를 15만 명 이상으로 편성한다는 기록과는 차이가 있다. 그러나 이 10만 명 규모는 압록강을 넘어 침공에 가담한 숫자인 것으로 보인다. 압록강을 넘지 않고 요동 지역에서 선두부대를 지원하거나 잔류하던 병력까지를 포함하면 네 차례 전쟁 모두 약 15만 명이었을 것이다.

  거란군은 한 차례 공격이 실패하면 압록강 북안으로 철수하여 증원군까지 추가 편성하여 전열을 재정비한 후 다시 공격하는 등 집요하게 강동 6주 탈환을 시도했지만 끝내 성공하지 못했다. 이에는 여러 가지 원인이 있겠지만, 무엇보다 흥화진 지역을 제대로 공략하지 못한 것을 들 수 있다. 흥화진 지역은 백마산과 삼교천 일대를 포함한 곳으로 압록강 연안을 통제하면서 북계 서로와 동로의 길목이 되는 요충지였다. 또한 고려군의 지휘 본부가 위치하여 방비가 강한 지역이었다. 거란군은 5차전을 제외하고는 모두 흥화진을 우회하여 공격했다. 이로 인해 후방이 차단되고 배후 공격을 받게 됨으로써 결국 강동 6주 탈환에 실패했다고 할 수 있다.

  고려는 거란의 수 차례 공격에서 승리한 자신감, 성 중심의 방비 태세, 그리고 방어군을 증강 편성함으로써 계속된 거란 침공을 물리칠 수 있었다. 특히 6차전시 강감찬이 지휘했던 출정군이 초기 전투, 개경 일대 방어, 귀주 일대의 반격에서 결정적인 전과를 올릴 수 있었던 것은 계속된 전쟁 경험을 통해 거란군의 전술과 취약점을 파악하여 공세적인 전술을 구사했기 때문으로 평가된다.

  결국, 3차전~6차전의 결과로 거란은 적극적인 대외 팽창이 좌절되면서 쇠퇴의 길로 접어 들었고, 고려는 1차전시 확보한 압록강 연안까지를 영토로 확정했다.

제6장

전쟁 종결과 동북아시아 정세 변화

고려의 서북방 안정과 체제 정비 압록강 연안의 영유권을 둘러싼 영토 전쟁에서 승리한 고려는 이 지역에 대한 영유권을 확정짓고 거란에 사대함으로써 서북방 지역의 안정을 유지하면서 국가 체제를 정비했다. 한편, 거란은 고려와의 전쟁 종결 이후 대외 팽창을 중지하고 유목 국가에서 농업 국가로 전환하게 되었다. 이로써 11세기 동북아시아는 소강기를 거쳐 송화강 인근의 생여진이 금을 건국하면서 12세기에는 동북아시아의 국제 질서가 새롭게 형성되었다.

1. 양국 관계의 정상화

소배압이 귀주에서 대패하고 돌아간 후 양국은 전후의 수습 국면으로 들어섰다. 거란 성종은 원정에서 실패했지만, 전공을 세운 장병들을 포상하고 전몰자의 가족을 위로함으로써 패전의 후유증을 줄이고자 했다.[1] 또한 거란은 포로 교환 등을 비롯한 전후 처리 문제를 해결하기 위해 고려에 사신을 파견했다.[2]

거란은 고려가 사대를 곧바로 실행하지 않자 재차 고려를 원정하고자 했다(1019. 8).[3] 그러나 곧바로 고려가 사신을 보내 사대 관계를 회복하겠다고 함으로써(1019. 12), 양국은 화해 국면으로 접어들었다.[4]

고려는 이작인李作仁으로 하여금 고려 국왕의 표表를 받들고 거란에 종전과 같이 번병藩屛으로 사대하겠다는 예를 갖추도록 했다(1020. 2).[5] 다음달에는 6년간 억류하고 있던 거란 사신 야율행평耶律行平도 돌려보냈고(1020. 3),[6] 거란도 검교사도檢校司徒 소옹紹雍을 사신으로 보내왔다.[7]

고려에서는 거란에 대한 사대의 복구에 대해 논란이 있었다. 그러나 더 이상 전쟁을 원하지 않았던 현종은 일단 거란에 왕자 책봉을 고하도록 했다(1020. 4). 고려는 사대를 하겠다고 했지만, 정작 국왕 책봉과 연호 사용은 실행하지 않고 있었다.

그러나 고려는 사대 외교의 핵심인 국왕 책봉과 연호 사용을 결정했다. 거란이 고려 국왕을 책봉했고, 이에 상응하여 고려는 거란 연호를 사용했다(1022. 4).[8] 이로써 양국의 공식적인 외교 관계가 수립되어 고려·거란 전쟁은 실질적으로 종결되었다.

이후 거란과 고려는 친선 관계를 유지했다. 친선 관계를 유지하면서 양국의 문물 교류가 활발해졌다. 고려·거란 사이에는 험준한 지형이 가로 놓여 있어 육상 교통이 원만한 지역이 아니었다. 그러나 전쟁 중에 사용된 동경 요양부로부터 보주·흥화진에 이르는 군대의 기동로는 곧 육상 교통로의 개척이었고,[9] 이를 통해 사신 왕래와 문화적, 경제적 교류가 이루어졌다.

고려와 거란의 문화적 교류로 주목되는 것은 거란 대장경의 수입이다. 거란은 태종 연간에 송의 대장경 조판 사업에 자극을 받아 국가 사업으로 대장경 조판을 추진하여 도종道宗 때에 완성했다(1059). 거란이 5차례에 걸쳐 579장의 대장경을 보내온 것은 고려의 불교 발전에 공헌했다.[10]

고려와 거란의 경제적 교류는 사대 외교에 따른 조공 무역의 형태로 이루어졌다. 고려는 김원충金元冲을 사신으로 보내면서(1038), 금흡병金吸瓶·은약병銀藥瓶·복두사幞頭紗·저포紵布·공평포貢平布·뇌원다腦原茶·대지大紙 등을 조공품으로 보냈고,[11] 거란이 회사품回賜品을 보내옴으로써 조공 무역을 통한 경제적 교류가 활발해졌다.[12]

거란 대장경과 해인사 대장경 전쟁 종결 후 양국의 문화적 교류가 활발해지면서 거란의 대장경이 고려에 들어왔다. 거란 대장경은 고려의 해인사 대장경에 그 내용과 목록이 남아 있어 고려의 불교 발전에 공헌했음을 알려준다.

2. 고려의 전후 수습과 체제 정비

전후 포상과 개경 나성 축조

전쟁 종료 후 고려 현종은 전쟁으로 혼란해진 국가 체제를 정비했다. 거란과의 전쟁에서 전공을 세운 강감찬·양규·김숙흥을 포함, 군사 9,472명을 포상했다(1019).[13] 양규와 김숙흥을 태조의 후삼국 통일에 공을 세운 삼한공신三韓功臣의 예에 준하여 삼한후벽상공신三韓後壁上功臣으로 책록했다..[14] 대거란 전쟁을 승리로 이끈 사람들을 삼한공신의 예에 준하여 책록했다는 것은, 전쟁으로 혼란해진 국가 체제를 정비하여 거듭 나겠다는 의지의 표명이었다.

또 대거란 전쟁 중에 보급 확보를 위한 거란군의 노략질로 가장 막대한 피해를 입은 황해도 지역에 세금을 감면하고[15] 남도 지역의 백성

고려의 천리장성 전쟁 종결 후 고려는 동계와 북계를 연결하는 천리장성을 완성했다. 천리장성의 완성은 북방민족의 침략을 방어하는 체제를 강화한 것이면서 동시에 고려의 북방 개척이 일단락 된 것을 의미했다(현재 확인되는 지명을 중심으로 연결하여 추정함).

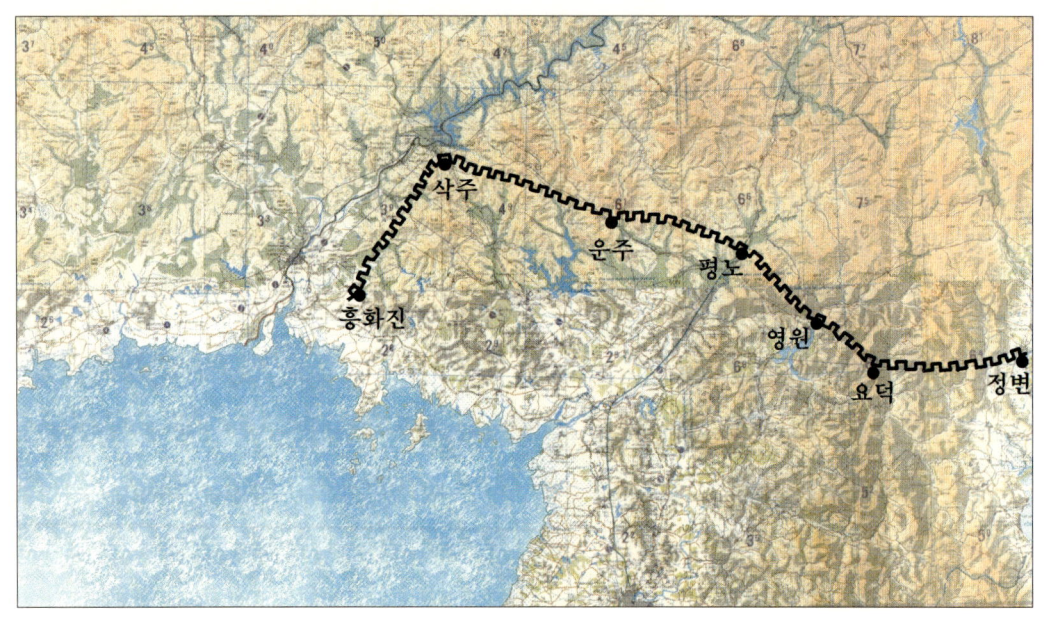

을 이주시켰다(1019).[16]

고려는 개경 외곽에 나성羅城을 축조하여 수도의 방비 강화를 시도한 바 있었다(1009).[17] 그러나 2차전이 발발하여 개경이 함락되었고, 계속되는 전쟁으로 인해 전쟁 종료 후 10년이 지난 21년만에 완성할 수 있었다(1029).[18] 개경 나성이 완성되자 금강성金剛城이라는 속악俗樂이 만들어져 백성들 사이에 불려졌다.[19]

천리장성의 축조

거란과의 공식적인 사대 외교로 서북방 지역을 안정시킨 후에 현종은 여진이 자주 노략질을 하고 있는 동계 지역에 대한 축성 사업을 시작했다. 요덕진에 성을 쌓았고(1023), 용진진의 성을 수리했다(1028). 옛 석성石城을 수리하여 위원진과 정융진을 설치했다(1029).[20]

덕종은 평장사 유소柳韶에게 명하여 북경관성北境關城, 즉 천리장성의 축조를 명했다(1033).[21] 북계 송령 동쪽에 장성을 축조하여(1035)[22] 서해안에서 송령 일대에 이르는 구간을 우선 완성했다.

다시 동계 지역의 축성을 진행하여 정변진(1039), 환가현(1041), 장주·정주·원흥진(1044), 선덕진·영흥진(덕주)에 성을 쌓았다.[23] 이로써 북계와 동계를 연결하는 천리장성이 완성되었다.

천리장성은 서해안의 옛 국내성 근처 압록강이 바다와 만나는 곳에

고려 천리장성의 유적 천리장성은 서해안 옛 국내성 근처 압록강이 만나는 곳에서 출발하여 동계의 화주에 이르러 동해안 바다에 다다랐다.

서 출발한다. 동으로 위원진·홍화진·정주·영해진·영덕진·영삭진·운주·안수진·청색진·평노진·영원진·정융진·맹주·삭주 등 13개 성을 거쳐 동계의 요덕진·정변진·화주 세 성에 이르러 바다에 다다랐다. 성의 총 길이는 천여 리로 돌로 쌓았으며 높이와 폭은 각 25척이었다.[24]

천리장성을 완성함으로써 고려는 거란과 여진 등 북방 민족의 침략을 방어할 수 있는 체제를 강화했다. 그러나 이는 동시에 서북방 개척을 일단락짓고 압록강 연안을 국경선으로 확정지은 것을 의미했다.

지속적인 군사력 강화

고려는 전쟁 종결 후에도 군사력을 지속적으로 강화했다. 60세 미만의 4품 이상 문관은 휴가 때마다 동교東郊와 서교西郊에서 활쏘기를 수련하도록 했고(1029),[25] 무예가 뛰어난 문반에게 장교직將校職을 고쳐 수여하도록 했다(1031).[26] 또한 전국에서 군사를 선발했고(1032),[27] 전쟁이 끝났다 해도 대비해야 한다는 취지로 각지에서 용맹한 자를 선발하여 군사 훈련을 시켰다(1039).[28]

상사봉어尙舍奉御 박원작朴元綽이 주도하여 혁차革車·수질노繡質弩·뇌등석포雷騰石砲를 제작하여 팔우노八牛弩를 비롯한 여러 병기를 변방의 성에 설치했다(1032).[29]

북계 지역에 군량을 비축하는데도 노력했다. 예성강의 병선 180척을 동원하여 군수 물자를 북계로 수송하여 이 지역 주진州鎭의 창고를 충실히 했다(1044).[30] 문종대에도 여러 차례 북계 지역으로 군자곡을 수송했다.[31]

팔우노(여덟 마리 소가 당겨쏘는 노)
전쟁 종결 후에도 고려는 군사력을 강화했는데, 그 일환으로 팔우노를 비롯한 각종 병기를 변방의 성에 설치했다.

서북방 지역 관리

천리장성의 축조와 함께 고려는 서북방 지역의 관리를 강화했다. 이 지역은 백성이 거주하지 않으면 공한지로 남아 있어 방어 체계의 약화를 가져오므로 백성을 이주시켰다. 그리고 이주시킨 백성의 생업을 보장하기 위해 이 지역에 대한 개간 사업을 활발하게 진행했다.

당시의 개간은 변경 지대의 신개척지라는 특성에 따라 둔전屯田의 형태로 이루어졌다. 서경기西京畿 안의 하음 부곡에서 100여 호를 가주 남쪽의 둔전으로 이주시켰다(1024).[32] 북방 지역을 둔전 형태로 개간하면서 남방 지역의 주민을 이주시키는 방식은 청천강 이북 각지의 개간에도 유사하게 적용되었다.

천리장성 안쪽의 개간이 상당히 진척되고 나자, 문종대 후반에는 천리장성 밖에서도 개간이 진행되어 경작 면적이 11,484경頃에 이르렀다.[33] 이처럼 천리장성 안팎 지역의 개간이 진척된 것이야말로, 압록강 선을 중심으로 한 고려 방어체계의 토대가 확보된 것을 의미한다.

남방의 백성을 북방 지역에 이주시키는 정책과 병행하여 고려는 북방의 투항인을 남방으로 이주시켰다. 전쟁이 끝난 후 거란인의 투항이 급증했다. 처음에는 1명이나 10여 명 정도이던 거란인의 투항이 전쟁이 모두 끝난 현종대 후반에는 급증했다.[34]

거란인 해가奚哥와 발해인 5백여 명이 투항하자 강남江南의 주군에 거처하도록 했고(1030),[35] 거란인 왕수남王守男 등 19명이 투항했을 때도 남지南地에 거처하게 했다(1031).[36] 투항한 거란인 해가고요奚家古要 등 11명도 강남江南에 거처하게 했다(1033). 이처럼 거란인을 남도 지역에 거처하도록 한 것은 이들이 북방에 거주할 경우

본국과 내통하여 국경 방비를 위협할 수 있었기 때문이다.

고려에 들어와 정착한 거란인은 투항인 외에 전쟁 포로도 있었다. 거란군 포로는 수만 명에 이르렀고, 이 중에는 공장工匠들도 다수 포함되어 있어 기술이 뛰어난 사람들은 왕실에 속해 사역되었다.[37] 이로 미루어 남도 지역에 정착시킨 거란인들도 수공업 생산에 사역되거나 농업에 종사했을 것으로 보인다.

3. 여진의 흥기와 거란·송의 멸망

대거란 전쟁이 종결된 후 고려는 여진과의 관계를 일단 안정시킬 수 있었다.[38] 고려가 강동 6주를 차지하자 함흥에서 두만강 유역에 이르는 지역의 동여진은 거란과의 연결이 차단되어[39] 고려에 적극적으로 귀순해 왔다. 정종 연간에 32회, 문종 연간에 무려 63회에 걸친 동여진 무리의 귀부가 있었다. 여진은 고려에 토산물을 바쳤고 고려는 그에 대한 회사回賜로 생필품을 주었다. 또한 동여진 지역에 귀순주歸順州를 설치하기도 했다.[40]

그러나 송화강 인근의 생여진은 점차 세력을 키워나갔다. 생여진은 거란의 영향 밖에서 세력을 키워 12세기에는 완안부完顔部가 주변 여진 부족을 장악하면서 세력을 확대해 갔다. 여진의 세력 확대는 곧바로 고려 변경에 영향을 미쳤다. 천리장성 밖에서 거주하며 고려에 복속하고 있던 여진 무리가 완안부의 공격으로 동요하자, 고려는 여진 정벌을 단행하고 동북 9성을 축조했다. 그러나 고려의 동북 9성은 곧 폐기되었고, 여진은 마침내 제 부족을 통일하고 금을

제6장 전쟁 종결과 동북아시아 정세 변화

세웠다(1125).

송은 건국 이래 연운 16주의 탈환을 두고 거란과 접전을 벌였으나 끝내 힘에서 밀려 전연의 맹을 맺은 후 거란에 많은 공물을 보내야 했다. 대고려 전쟁에서 실패한 이후 거란은 대외 정복이 위축되면서 속국으로부터의 공물 유입이 한계에 부딪쳤다. 거란은 부족한 재정을 보충하기 위해 송에 세공의 증액을 요구했다. 송 인종仁宗 때 거란이 세공 증액을 요구한 것은 서하西夏를 방비하기 위한 군비와 함께 송의 재정에 큰 부담이 되었다.[42] 이러한 재정 압박은 신종神宗 때 이른바 왕안석王安石의 신법을 시도하는 배경이 되었지만, 신법도 실패하고 말았다.

새로 흥기한 금은 송과 연합하여 거란을 멸망시켰고(1125), 이듬해에는 송을 멸망시키고 고려를 압박하여 사대의 예를 취하게 했다(1126). 이로써 10세기 거란이 누리던 동북아시아 패권은 11세기의 소강 상태를 지나 12세기에는 금에게로 넘어갔다.

주註

서론

1) 일제시기 일본 학자들의 대표적 연구는 다음과 같다.

池內宏,「高麗成宗朝に於ける女眞及び契丹との關係」『滿鐵地理歷史研究報告』5, 1918.

池內宏,「契丹聖宗の高麗征伐」『滿鐵地理歷史研究報告』7, 1920(두 논문은 『滿鮮史研究 中世篇』2, 1937에 재수록되어 있다).

2) 해방 후 1960년대까지의 초기 고려 · 거란 관계 연구는 다음의 논문이 있다.

姜大良,「高麗初期의 對契丹關係」『史海』1, 1948.

金庠基,「丹寇와의 抗爭」『국사상의 제문제』2, 1959.

李丙燾,『韓國史-中世篇-』, 1961.

金庠基,『新編 高麗時代史』, 1985.

3) 1970년대의 주요 연구 논문은 다음과 같다.

朴禮在,「高麗太祖 王建의 高句麗 復古意識」『空軍士官學校論文集』7, 1977.

李龍範,「10-12세기의 國際情勢」『한국사』4, 1974.

朴賢緖,「北方民族과의 抗爭」『한국사』4, 1974.

李龍範,「高麗와 契丹과의 關係」『東洋學』7, 1977.

1980년대 이후 다각화된 연구를 주제별로 살펴보면 다음과 같다.

북진정책과 북방경영을 포함하는 북방정책을 다룬 연구로,

李基白,「高麗의 北進政策과 鎭城」『軍史』창간호, 1980.

方東仁,「高麗前期 北進政策의 推移」『領土問題硏究』2, 1985.

崔圭成,「高麗初期 女眞關係와 北方政策」『東國史學』15, 1981.

──────,「高麗初期 女眞問題 發生과 北方經營」『白山學報』26, 1981.

외교사적 측면에서 국제관계와 영토 확장 문제를 다룬 연구로,

盧啓鉉,「高麗外交史序說: 高麗初期(光宗-成宗初)의 北方外交政策과 領土擴張」『論文集(한국방송통신대학)』9, 1988.

후삼국 및 고려 초기에 거란과의 통교를 다룬 연구로,

韓圭哲,「後三國時代 高麗와 契丹關係」『富山史叢』1, 1985.

金在滿,「契丹 · 高麗 國交前史」『人文科學(成均館大)』15, 1986 ;『契丹 · 高麗關係史硏究』, 國學資料院, 1999.

발해 유민과 북방민의 來投와 연관지어 고려와 거란 관계와 국교 단절의 배경을 다룬 연구로,

韓圭哲,「高麗來投 · 來往契丹人; 渤海遺民과 관련하여」『韓國史硏究』47, 1984.

金昌謙,「後三國 統一期 太祖 王建의 浿西豪族과 渤海遺民에 대한 政策硏究」『成大史林』 4, 1987.

林相先,「高麗와 渤海의 關係; 高麗 太祖의 渤海認識을 중심으로」『南都泳博士古稀紀念論叢』, 1993.

金渭顯,「契丹과 高麗와의 관계」『정신문화연구』 95-8, 1995.

盧明鎬,「高麗 支配層의 渤海流民에 대한 認識과 政策」『汕耘史學』 8, 1998.

徐聖鎬,「고려 태조대 대거란정책의 추이와 성격」『역사와현실』 34, 1999.

서희와 고구려 계승의식에 관한 공동 연구로,

高句麗硏究會,『徐熙와 高麗의 高句麗 繼承意識』, 1999.

전쟁사 분야에서의 연구로,

國防部戰史編纂委員會,『麗遼戰爭史』, 1990.

國防軍史硏究所,『韓民族戰爭通史(II)』高麗時代篇, 1993.

제1장 10세기 동북아시아 정세

1) 『遼史』 권2, 太祖 天贊 4년 12월 乙亥.
2) 『遼史』 권2, 太祖 天贊 4년 12월 乙亥.
3) 『遼史』 권1, 太祖 天贊 3년 5월 丙午.
4) 『遼史』 권2, 太宗 天顯 원년 2월 壬辰.
5) 동단국의 설치 배경과 역사에 대해서는 金渭顯,「東丹國考」『宋遼金元史硏究』 4, 2000 참조.
6) 거란 초기의 황제 계승을 보면, 太宗에 이어 즉위한 世宗은 인황왕의 아들이고, 제4대 穆宗은 태종의 아들이며, 제5대 景宗은 세종의 아들이어서 황제가 두 세력 사이에서 교차되는 것을 알 수 있다. 기록에 명확히 드러나지 않지만, 이러한 계승과정에서 두 세력 사이에 적지 않은 암투와 갈등이 있었을 것이다.
7) 『遼史』 권38, 地理2 東京道 東京遼陽府.
8) 『遼史』 권3, 太宗 天顯 5년 11월 戊寅.
9) 『遼史』 권3, 太宗 天顯 3년 12월 甲寅.
10) 『遼史』 권3, 太宗 天顯 3년 12월 庚戌.
11) 『遼史』 권3, 太宗 天顯 11년 7월 丙申.
12) 閔帝 李從厚는 明宗의 아들이었고 李從珂는 양자였으며 석경당은 사위였다. 이종가와

석경당은 모두 명종의 측근이었으나 사이가 좋지 않았다.

13) 燕雲 16주는 幽州・薊州・瀛州・莫州・涿州・檀州・順州・新州・嬀州・儒州・武州・蔚州・雲州・應州・朔州・寰州를 말하며 지금의 河北省과 山西省 일대에 해당한다. 金在滿은 이중 일부는 이미 거란이 경략했거나 영유하고 있던 곳이라는 점에 근거하여 營州와 平州를 포함한 18주로 보아야 한다고 지적했다(「契丹의 山北・山南 經略史」『契丹民族發展史의 研究』, 讀書新聞社, 1976).

14) 『遼史』 권4, 太宗 會同 5년 7월 庚寅.

15) 태종은 당시 자신의 과실을 스스로 열거하며 후회했다. 태종이 자인한 과실은, 군사를 놓아 말먹이와 곡식을 약탈하게 한 것, 백성의 재산을 긁어모은 것, 절도사들을 바로 鎭으로 돌려보내지 않은 것 등이었다(『遼史』 권4, 太宗 大同 원년 4월 乙丑).

16) 패강진에 대한 주요 연구로는 다음을 들 수 있다.

李基東,「新羅 下代의 浿江鎭-高麗王朝의 成立과 聯關하여-」『韓國學報』 4, 1976.

姜玉葉,「羅末麗初 浿西地域에 대한 一考察」『梨花史學研究』 20・21합집, 1993.

趙二玉,「통일신라 북방개척과 패강진」『白山學報』 46, 1996

17) 『高麗史』 권1, 太祖 원년 9월 丙申.

18) 『高麗史』 권1, 太祖 3년.

19) 『高麗史節要』 권1, 太祖 3년 3월.

20) 『高麗史』 권1, 太祖 5년.

21) 『高麗史節要』 권1, 太祖 5년

22) 『高麗史』 권82, 兵2 城堡 太祖 5년.

23) 『高麗史節要』 권1, 太祖 11년 2월. 『高麗史節要』에는 이보다 앞선 920년(太祖 3)에 安北에 성을 쌓았다는 기록이 있는데, 논자에 따라 이를 인정하는 경우와 인정하지 않는 경우가 있다. 그런데 '安北'은 원래 변경에 설치되는 都護府의 명칭으로 필요에 따라 설치지역이 바뀔 수 있었다. 또한 당시 여건이 평양 경영조차 안정되지 않은 상황이라는 점을 감안하면 이것이 청천강 남쪽의 安北府를 가리킨다고 보기는 어렵다.

24) 徐聖鎬는 이에 대해 발해의 멸망으로 고려의 북방정책이 소극적 태도로 바뀐 것이라고 이해했다(「고려 태조대 대거란정책의 추이와 성격」 『역사와 현실』 34, 30~31쪽). 그러나 안북부의 설치 자체가 상당히 북상한 것으로, 또다시 청천강 이북으로 진출한다면 현실적으로 보급이나 수비 등에 문제가 생길 수 있다. 안북부 설치는 당시 여건으로서는 최북단으로 진출한 것이었으며, 당연히 후방 지역의 강화가 이어질 필요가 있었다.

25) 고려 태조대 축성은 부록 〈표 I-1〉 참조.

26) 태조대 발해인의 내투 사례는 부록 〈표 II-1〉 참조.
27) 姜大良은 고려가 발해 유민의 수와 적개심을 북방 개척에 이용하려고 했다고 지적했고 (「高麗初期의 對契丹關係」『史海』 1, 1948, 55쪽), 金昌謙도 고려가 초기에는 浿西 豪族을 徙民시켰고 뒤에는 발해 유민을 포섭하여 북방에 정착시켜 이용하려 했다고 지적했으나(「後三國 統一期 太祖 王建의 浿西豪族과 渤海遺民에 대한 政策硏究」『成大史林』 4, 1987, 78~79쪽), 양자의 관계를 유기적으로 설명하지는 못했다.
28) 『高麗史』 권94, 列傳7 徐熙 : 『渤海國志長篇』 권13, 遺裔列傳.
29) 『高麗史節要』 권3, 顯宗 원년 12월 庚戌.
30) 朴玉杰, 『高麗時代의 歸化人 硏究』, 1996, 112쪽.
31) 『遼史』 권48, 地理2 東京道.
32) 『遼史』 권48, 地理2 東京道.
33) 이 시기 거란과 신라·태봉(고려)·백제와의 통교 기록은 다음과 같다.
『遼史』 권1, 太祖 9년 10월 戊申 : 『遼史』 권1, 太祖 神冊 4년 2월 癸亥 : 『遼史』 권2, 太祖 天贊 4년 10월 辛巳 : 『三國史記』 권50, 列傳 甄萱.
34) 사신 교환은 915년(거란→고려), 918년(고려→거란), 922년(거란→고려), 925년(고려 거란)에 이루어지고 있는데, 대략 3~4년 주기로 사신 왕래가 있었다.
35) 『遼史』 권3, 太宗 天顯 12년 9월 辛未.
36) 『遼史』 권4, 太宗 會同 원년 5월 甲寅 : 『遼史』 권4, 太宗 會同 원년 7월 戊辰 : 『遼史』 권4, 太宗 會同 원년 10월 壬寅.
37) 『遼史』 권4, 太宗 會同 원년 11월 壬子 및 丙寅.
38) 『遼史』 권3, 太宗 會同 2년 정월 乙巳.
39) 李龍範, 「高麗와 契丹과의 關係」『東洋學』 7, 1977.
40) 『高麗史』 권2, 太祖 25년 10월.
41) 『資治通鑑』 권285, 後晉 齊王 開運 2년 10월. 襪囉는 『高麗史』 世家 太祖 21년 기사에 보이는 哷哩縛日羅와 동일 인물로 보아 그가 고려에 온 것을 太祖 21년으로 보는 것이 일반적이다(李龍範, 「胡僧 襪囉의 高麗往復」『歷史學報』 75·76, 1977). 그런데 그가 고려에 수년간 체류했다가 후진으로 돌아갔을 가능성은 충분하므로 협공 제의를 거란 단교 직후로 보는 것은 무리가 없다.
42) 『資治通鑑』 권285, 後晉 開運 2년 11월 戊戌.
43) 『遼史』 권6, 穆宗 應曆 13년 정월 丙寅.
44) 『遼史』 권8, 景宗 保寧 6년 3월.

45) 『遼史』 권8, 景宗 保寧 8년 9월 壬午 ; 『遼史』 권8, 景宗 保寧 8년 9월 戊子.

46) 『遼史』 권9, 景宗 乾亨 원년 3월 丁酉.

47) 『遼史』 권9, 景宗 乾亨 원년 6월.

48) 『遼史』 권9, 景宗 乾亨 원년 7월 癸未.

49) 광종대에 관한 연구는 비교적 많은 편인데, 주요 연구를 제시하면 다음과 같다.

　　李基白 編, 『高麗光宗研究』, 1981.

　　金杜珍, 「高麗 光宗代의 專制王權과 豪族」 『韓國學報』 15, 1979.

　　全基雄, 「高麗 光宗代의 文臣官僚層과 '後生讒賊'」 『釜大史學』 9, 1985.

　　兪炳基, 「光宗代의 王權强化와 統治體制에 대한 一考」 『全州史學』 3, 1995.

　　黃善榮, 「高麗 光宗代 政治改革의 方向」 『東義史學』 11·12합, 1997.

50) 『高麗史節要』 권2, 光宗 7년.

51) 河炫綱, 「豪族과 王權」 『한국사』 4, 국사편찬위원회, 1974.

52) 『高麗史』 권2, 光宗 9년 5월.

53) 『高麗史』 권2, 光宗 11년.

54) 최승로의 시무 28조에 대한 주요 연구로는 다음을 들 수 있다.

　　金哲埈, 「崔承老의 時務二十八條에 對하여」 『趙明基華甲記念論叢』, 1965.

　　李在云, 「崔承老의 政治思想」 『汕耘史學』 3, 1989.

　　吳瑛燮, 「崔承老 上書文의 思想的 基盤과 歷史的 意義」 『泰東古典研究』 10, 1993.

　　洪承基, 「崔承老의 儒教主義史學論」 『震檀學報』 92, 2001.

55) 『高麗史』 권73, 選擧1 科目 成宗 2년.

56) 『高麗史』 권74, 選擧2 學校 成宗 5년 7월.

57) 『高麗史』 권79, 食貨2 農桑 成宗 5년 5월.

58) 『高麗史』 권79, 食貨2 農桑 成宗 5년 6월.

59) 『高麗史』 권2, 定宗 2년.

60) 정종대 축성은 부록 〈표 I-1〉 참조.

61) 『高麗史』 권81, 兵志1 五軍 定宗 2년.

62) 광종대 축성은 부록 〈표 I-1〉 참조.

63) 『高麗史』 권2, 惠宗 원년.

64) 『高麗史』 권2, 惠宗 2년.

65) 『高麗史』 권2, 光宗 7년.

66) 『高麗史』 권2, 景宗 원년 11월.

67) 『高麗史』권2, 景宗 원년 11월.
68) 『高麗史』권2, 景宗 원년.
69) 『高麗史』권2, 景宗 2년.
70) 『高麗史』권3, 成宗 원년.
71) 『高麗史』권3, 成宗 2년 3월 戊寅.
72) 『高麗史』권3, 成宗 3년.
73) 『高麗史』권3, 成宗 4년 5월.
74) 『高麗史』권3, 成宗 7년 10월 ; 『高麗史』권3, 成宗 11년 6월 甲子.
75) 『高麗史』권3, 成宗 9년 ; 『高麗史』권3, 成宗 10년 4월 庚寅.
76) 『遼史』권71, 列傳 后妃.
77) 『高麗史』권3, 成宗 3년.
78) 『高麗史』권4, 成宗 3년 5월.
79) 고려의 거란 정벌 참여 종용 기록은 『宋史』와 『高麗史』에 각각 나타난다(『宋史』권487, 列傳 高麗 ; 『高麗史』권3, 成宗 4년 5월). 『고려사』는 송 황제의 조서 다음에 여진의 목계를 기록하고 있는데, 여기서 여진의 목계를 빌미로 한 송의 군사 협조 압박의 입장이 나타난다.
80) 『高麗史』권3, 成宗 4년 5월.
81) 정안국 왕자가 991년과 992년에 송에 예물과 표를 보낸 것을 마지막으로 더 이상 정안국에 대한 기록은 나타나지 않는다(『宋史』권491, 列傳 定安國). 왕이 아닌 왕자가 예물을 보냈다는 점, 그리고 이후에 기록이 나오지 않는다는 점을 감안하면, 정안국은 986년 원정을 계기로 몰락했을 것이다. 이 때의 원정이 定安國을 攻滅하는 것이었다고 지적한 논문이 있다.

金渭顯,「遼代 渤海 復興運動의 性格」『명대논문집』11, 1978.

―――,「西夏與宋遼之關係」『首屆西夏學國際學術會議論文集』, 1998.

82) 발해가 멸망한 후 발해 부흥운동이 일어났을 때 가장 먼저 나타난 국가는 後渤海였다. 발해 멸망 후에 중국 오대 왕조와 통교하고 있던 '발해'는 보통 후발해라 칭한다. 후발해의 정확한 실체는 알기 어렵지만, 大光顯이 고려에 내투한 934년에 멸망했다. 후발해를 이어 압록강 서편에 건국된 나라가 定安國이다. 970년 정안국왕 烈萬華가 송에 표문을 보낸 기록으로 보아 정안국은 烈氏가 大氏를 밀어내고 세운 나라로 추정된다. 정안국은 981년에 송에 사신을 보내 거란 정벌에 참여할 의사를 밝힌 적이 있다. 당시 정안국왕 烏玄明이 보낸 글에 정안국을 '고(구)려의 옛 땅이며 발해의 남은 백성'이라 하고

있다. 정안국의 존재는 『宋史』 권491, 列傳 定安國條에만 언급되고 있고 『遼史』에는 나타나지 않는다. 後渤海와 定安國에 대한 연구로는 다음과 같은 논문이 있다.

韓圭哲, 「渤海復興國 '後渤海' 硏究; 연구동향과 형성과정을 중심으로」 『國史館論叢』 62, 1995.

金渭顯, 「遼代 渤海 復興運動의 性格」 『명대논문집』 11, 1978.

─── , 「渤海遺民과 後渤海 및 渤海」 『高句麗硏究』 6-발해 건국 1300주년(698~1998) -, 1998.

83) 『遼史』 권11, 聖宗 統和 4년 3월 甲戌.

84) 『遼史』 권11, 聖宗 統和 4년 7월.

85) 『遼史』 권13, 聖宗 統和 9년 2월 甲子.

87) 『續資治通鑑長篇』 권32, 太宗 淳化 2년.

88) 내원성은 『요사』 지리지의 다음 기록을 통해 알 수 있다. "내원성은 본래 熟女直 땅인데 統和중에 고려를 정벌하면서 燕軍이 용맹하므로 두 지휘를 두고 성을 쌓고 방비하였다. 병마는 東京統軍司에 속한다"(『遼史』 권38, 地理2 東京道). 여기서 내원성이 본래 여진의 땅이며 고려를 침공하는 과정에서 축성되었음을 알 수 있다. 시점은 통화 연간으로만 되어 있으나, 위의 축성 기록과 대비해 보면 991년에 축성되어 993년의 고려 침공과 연계되고 있음을 알 수 있다.

89) 『高麗史』 권3, 成宗 10년 10월.

90) 『高麗史』 권3, 成宗 10년 10월.

91) 崔圭成은 이 조치가 거란의 여진 정벌 및 기미책 강화에 대응하여 여진에 대한 영향력 강화를 위한 것으로 해석했다(「徐熙의 北方政策」 『徐熙와 高麗의 高句麗繼承意識』, 1999, 133쪽).

제2장 전쟁 수행 여건

1) 陸軍士官學校, 『世界戰爭史』, 1987, 377쪽.

2) 陸軍士官學校, 위의 책, 377쪽.

3) 陸軍士官學校, 위의 책, 361쪽.

4) 전격전이란 기습·속도·화력의 우위를 바탕으로 적의 중추신경을 마비시켜 조직력을 와해, 저항력을 박탈하는 속전속결 전법이다.

5) 독일은 對蘇 작전 초기에 독일군 148개 사단과 루마니아군 14개 사단을 포함하여 305만

명을 투입했다(陸軍士官學校, 위의 책, 368·377쪽).

6) 陸軍士官學校, 위의 책, 157쪽.
7) 陸軍大學, 『軍事地理』, 1989, 100쪽.
8) 國防部戰史編纂委員會, 『長津湖戰鬪』, 1981, 46쪽.
9) 國防部戰史編纂委員會, 위의 책, 325~326쪽.
10) 강호국 외, 『지형 및 기상』, 1999, 199쪽.
11) 강호국 외, 위의 책, 197쪽.
12) 신의주는 10월 17일에서 이듬해 4월 15일까지, 평양은 10월 20일에서 이듬해 4월 20일까지, 개성은 10월 20일에서 이듬해 4월 10일까지이다(육군본부, 『편성·기술 및 군수제원(I)』, 1999, 2~38쪽).
13) 강호국 외, 위의 책, 83쪽.
14) 陸軍本部, 『특수조건하작전』, 1997, 부10~6쪽.
15) 일례로 1902년 일본군 210명이 하꼬다산에서 동절기 극복 훈련 중에 199명이 얼어죽는 사고가 발생했다. 당시 기온은 영하 22℃, 풍속은 30m/sec로 체감 온도는 영하 44℃에 달했다.
16) 『高麗史』 권2, 太祖 19년 9월.
17) 李基白, 「高麗京軍考」 『李丙燾華甲紀念論叢』, 1956; 『高麗兵制史研究』, 1968, 51쪽.
18) 『高麗史』 권77, 百官2 西班 鷹揚軍.
19) 『高麗史』 권77, 百官2 西班 龍虎軍.
20) 李基白, 위의 논문, 1960, 79~81쪽.
21) 李基白, 「高麗 二軍六衛의 形成過程에 대한 再考」 『黃義敦古稀記念論叢』, 1960; 『高麗兵制史研究』, 1968, 77~79쪽.
22) 李基白, 「高麗軍役考」 『高麗兵制史研究』, 1968, 132~141쪽.
23) 『高麗史』 兵志는 남도의 주현군은 군사도별로 병종과 군액만 간단히 정리했으나 양계는 장교의 수까지도 함께 정리하여 구분되고 있다.
24) 李基白, 「高麗光軍考」 『歷史學報』 27, 1965; 『高麗兵制史研究』, 1968.
25) 『高麗史』 권82, 兵2 鎭戌 太祖 3년 3월.
26) 『高麗史』 권82, 兵2 鎭戌 太祖 11년 2월.
27) 평상시 남쪽 지역에는 주현군 이외에 방수군의 주둔 기록이 보이지 않는다.
28) 북계에 배치된 군대의 규모는 『高麗史』 州縣軍條와 조선왕조의 『文宗實錄』 李先濟 上書에 인용된 式目形止案 사이에 차이가 있다. 주현군조에는 기간 부대 39,870명과 기타

병력이 61,000명으로, 식목형지안에는 기간 부대 40,670명과 기타 병력 70,960명으로 나타나고 있어, 총 규모는 약 10만 명에서 11만 명 규모였던 것으로 보인다(李基白,「高麗 兩界의 州鎭軍」『高麗兵制史研究』, 1968, 246~252쪽).

29) 都領에 대한 연구로는 다음과 같은 논문이 있다.

    金南奎,「고려 兩界의 都領에 대하여」『경남대학교논문집』4, 1977.

    金甲童,「고려시대의 都領」『한국중세사연구』3, 1996.

    朴玉杰,「高麗 都領에 관한 再檢討」『史學研究』58·59합집, 1999.

30) 趙仁成,「高麗 兩界의 國防體系」『高麗軍制史』, 1983, 156~157쪽.

31) 『高麗史』 권81, 兵1 兵制 顯宗 5년 6월.

32) 『高麗史』 권4, 顯宗 원년 10월 丙午. 1차전 당시에도 고려군의 편성은 지휘관이 上軍使·中軍使·下軍使로 되어 있어서 역시 三軍의 형식으로 되어 있었음을 알 수 있다.

33) 『高麗史』 권22, 高宗 4년 4월 戊午.

34) 『高麗史』 권3, 顯宗 원년 10월 丙午.

35) 『高麗史節要』 권3, 顯宗 9년 10월.

36) 부록〈표 I-1〉참조.

37) 부록〈표 I-2〉참조.

38) 부록〈표 I-3〉참조.

39) 이에 대해서는 다음 논문이 참고된다.

    徐日範,「徐熙가 構築한 城郭과 清川江 以北 防禦體系」『徐熙와 高麗의 高句麗 繼承意識』, 1999.

40) 徐日範, 위의 논문.

41) 徐日範, 위의 논문.

42) 『萬機要覽』軍政編 關防總論.

43) 부록〈표 I-4〉참조. 현재의 척관법에 의하면 1간은 1.8m로 환산되는데, 표의 길이는 이에 의거한 것이다. 그런데 앞에서 설명한 흥화진성·선주성 등의 사례를 보면 실제 남아 있는 산성의 크기는 이 수치보다 약 2배 정도가 된다. 그러나 실제 크기를 두 배로 잡아도 수천 명의 인구가 상주할 수 있는 규모가 될 수는 없다.

44) 손영식,『한국 성곽의 연구』, 1987, 206쪽.

45) 손영식, 위의 책, 208쪽.

46) 손영식, 위의 책, 152~156쪽.

47) 일례로 조선 정조대에 축조된 수원 華城의 경우 둘레가 5.7㎞ 정도인데, 雉城은 10개소

에 불과하다.

48) 이러한 고려군의 방어 전술에 대해서는 趙仁成, 「高麗 兩界의 國防體係」, 『高麗軍制史』, 1983가 참조된다.

49) 陸軍敎育史令部, 『韓國軍事思想硏究』, 1985, 101~102쪽.

50) 김기웅 외, 『韓國武器發達史』, 國防軍史硏究所, 214쪽.

51) 宋奎斌, 『風泉遺響』

52) 『遼史』 권34, 兵衛志.

53) 『遼史』 권34, 兵衛志.

54) 『遼史』 권59, 食貨志 序文 ; 『遼史』 권31, 營衛志

55) 『遼史』 권34, 兵衛志.

56) 거란은 9월이 되면 방목했던 말을 거두어들여 훈련한 뒤 원정에 나섰다.

57) 『遼史』 兵衛志는 거란의 軍制를 이해하는 가장 기초적인 자료이지만, 여기에 수록된 내용에는 착오가 적지 않게 포함되어 있다. 특히 수치는 내부적으로도 오차가 있다. 이에 대해서는 이미 각종 자료를 정리하여 거란 군세의 규모를 논한 연구가 있다(金在滿, 「契丹軍勢考」 『契丹民族 發展史의 硏究』, 1974). 여기서는 그러한 실증적인 문제에 대해서는 논외로 하고 전체적인 양상을 이해하는 데 중점을 두고, 수치상의 문제는 필요에 따라 제한적으로 언급하기로 한다.

58) 『遼史』 전35, 兵衛志.

59) 병종과 그 성격에 대해 『宋史』와 『遼史』 兵衛志는 같지만, 그 수효는 『송사』가 『요사』 병위지의 10분의 1이다. 어장친군의 규모는 거란 군세를 가늠하는 가장 기본적인 사항인데, 꼭 10분의 1로 축소되어 있다는 것은 어느 한쪽이 오류임을 의미한다. 이 문제는 일찍부터 논란이 되어 왔는데, 현재는 『송사』의 기록이 타당한 것으로 보고 있다. 이에 따르면 어장친군의 규모는 5만 명 정도가 된다.

60) 『遼史』 권35, 兵衛志.

61) 12궁은 弘義宮・長寧宮・永興宮・積慶宮・延昌宮・彰愍宮・崇德宮・興聖宮・延慶宮・太和宮・永昌宮・敦睦宮 등이고, 1부는 文忠王府이다.

62) 宮衛騎軍의 額數는 각 宮別로 正丁・蕃漢轉丁・騎軍의 순서로 정리되어 있으며, 말미에서 "凡諸宮衛丁四十萬八千 出騎軍十萬一千"이라고 총액을 밝혀놓았다. 여기서 出騎軍을 하나의 명칭으로 다루는 경우도 있으나 이것은 여러 宮衛丁(正丁과 蕃漢轉丁을 합한 것)에서 騎軍을 낸다는 의미로 보는 것이 적절하며, 따라서 騎軍의 수는 宮衛丁 총액에 포함되어야 한다.

63) 『遼史』 권35, 兵衛志.
64) 金在滿, 위의 논문, 1974, 142쪽.
65) 『遼史』 권35, 兵衛志.
66) 『遼史』 권36, 兵衛志.
67) 『遼史』 권36, 兵衛志.
68) 『遼史』 권36, 兵衛志.
69) 五京鄕丁의 내용에는 이러한 오차가 많이 보이는데, 이는 근거 자료가 散逸되고 여러 종류의 자료를 참고한 결과로 생각된다.
70) 이들 국가와 교류한 내용은 屬國表에 정리되어 있다.
71) 『遼史』 권36, 兵衛志.
72) 兵衛志에는 상기한 항목 외에 邊境戍兵이 있다. 이것은 高麗의 『大遼事跡』이라는 책에서 인용한 것으로서 이 책에는 거란의 동쪽 변경에서 고려와 여진 등을 방비하는 군대 편제가 수록되어 있다. 그런데 이들은 앞서 열거한 병종과 구분되는 존재는 아니며, 작성 시점도 11세기 중반 이후로 내려가므로 논외로 했다.
73) 『遼史』 권34, 兵衛志.
74) 『遼史』 권34, 兵衛志.
75) 『遼史』 권34, 兵衛志.
76) 『遼史』 권10, 聖宗 統和 원년 정월 壬午.
77) 『遼史』 권34, 兵衛志.
78) 『遼史』 권34, 兵衛志.
79) 황제의 지배력이 덜 미치는 지역은 반란이 발생할 우려가 높았기 때문에 출정 조서에 이어 병부를 합쳐 보는 절차를 두어 신중을 기했다.
80) 『遼史』 권34, 兵衛志.
81) 『遼史』 권34, 兵衛志.
82) 『遼史』 권34, 兵衛志. 종래 원탐난자군의 규모를 100인으로 본 연구가 있다(國防部戰史編纂委員會, 『麗遼戰爭史』, 1990, 40쪽). 이는 "剽悍百人之上"이라는 구절에 근거한 것이라 생각되는데, '百人之上'이란 百人 중에서 으뜸인 자를 의미한다.
83) 『遼史』 권34, 兵衛志.
84) 『遼史』 권34, 兵衛志.
85) 『遼史』 권34, 兵衛志.
86) 『遼史』 권34, 兵衛志.

87) 『遼史』 권34, 兵衛志.
88) 『遼史』 권34, 兵衛志.
89) 『遼史』 권34, 兵衛志.
90) 『遼史』 권34, 兵衛志.
91) 이 기준에 따르면 사면을 공격하는 군대 규모는 20~30만 명 정도가 된다. 도통이 통솔하는 경우 군대 규모가 15만 명 이하로 내려가지 않는다고 한 것은 이러한 공격 방식을 염두에 둔 것이라 생각된다.
92) 『遼史』 권34, 兵衛志.
93) 『遼史』 권34, 兵衛志.
94) 『遼史』 권34, 兵衛志.
95) 『遼史』 권34, 兵衛志.

제3장 제1차 전쟁

1) 『高麗史』 권3, 成宗 12년 8월. 병마제정사는 각도에 설치된 군사와 군기를 점검하여 유사시에 동원할 수 있도록 준비하는 임무를 띤 관리였던 것으로 보인다.
2) 『高麗史』 권3, 成宗 12년 10월.
3) 고려가 후백제와의 전투에서 상군사·중군사·하군사의 병력을 1~2만 명으로 편성했던 사실로 미루어 볼 때, 서북방에 주둔한 병력 규모는 3~6만 명 정도인 것으로 보인다.
4) 육군본부, 『편성·기술 및 군수제원(I)』, 1999, 2~74쪽.
5) 金在滿, 『契丹·高麗關係史研究』, 1999, 105쪽.
6) 國史編纂委員會, 『한국사』 15, 1995, 305쪽.
7) 육군본부, 위의 책, 1999, 2~112쪽.
8) 國防部戰史編纂委員會, 『丙子胡亂史』, 1986, 143쪽.
9) 徐日範, 「徐熙가 築城한 城郭과 淸川江 以北 防禦體系」 『徐熙와 高麗의 高句麗繼承意識』, 1999, 144쪽.
10) 『高麗史』 권3, 成宗 12년 10월. 고려 성종이 서경에 행차한 시기와 봉산군 전투 시기를 『麗遼戰爭史』에서는 대략 윤10월로 추정하고 있다. 이것은 『高麗史』와 『高麗史節要』의 "閏月丁亥 行西京 進次安北府 聞契丹蕭遜寧攻破蓬山郡 不得進 乃還"에 근거한 것이다. 그런데 993년은 윤달이 8월로써 성종은 8월 각도에 병마제정사를 파견한 후 다음달인 윤8월에 서경으로 행차했고, 이어 10월경에 안북부로 가고자 했으며, 이 즈음에 봉산군

함락 소식을 접한 것으로 보인다. 이에 따라 봉산군 전투는 고려가 방어 준비를 완료한 10월경으로 보는 것이 타당할 것이다.

11) 『高麗史節要』 권3, 成宗 12년 10월.
12) 『高麗史』 권94, 列傳7 徐熙.
13) 『高麗史』 권94, 列傳7 徐熙.
14) 『高麗史』 권94, 列傳7 徐熙.
15) 『高麗史』 권94, 列傳7 徐熙.
16) 이는 고려 조정내의 "할지론"과 같은 시각으로 당시 고려의 영토는 당나라가 신라에게 인정한 강계인 대동강 이남으로 인식했다.
17) 지도에 나타난 노안동도 안쪽의 평지는 최근에 물막이에 의해 인공적으로 전답지를 형성한 것으로 보이며, 당시에는 청천강 지류가 통과했을 것으로 판단된다.
18) 봉산군에서 안융진까지의 이동로에 대해 일부 연구에서는 봉산군에서 가주, 운전을 경유하여 안융진에 도달한 것으로 추정하고 있다(國防部戰史編纂委員會, 위의 책, 1990, 67쪽). 그러나 당시 가주에도 963년(광종 14)에 둘레 2.7km에 달하는 성곽이 구축된 점과 봉산군에서 가주에 이르는 통로가 제한되고 서희가 지휘하는 고려군과 대치한 상황을 고려했을 때 이용 가능성은 매우 희박하다.
19) 『高麗史』 권94, 列傳7 徐熙.
20) 『高麗史』 권94, 列傳7 徐熙.
21) 『高麗史』 권94, 列傳7 徐熙.
22) 『高麗史』 권94, 列傳7 徐熙.
23) 『高麗史』 권94, 列傳7 徐熙.
24) 『高麗史』 권94, 列傳7 徐熙.
25) 『高麗史』 권94, 列傳7 徐熙.
26) 『高麗史』 권3, 成宗 13년 2월.
27) 『高麗史』 권3, 成宗 13년.
28) 『高麗史』 권3, 成宗 13년 4월.
29) 서희는 경기도 이천 출신으로 內議令 徐弼의 아들이다. 960년(광종 11)에 18세에 과거에 급제했고, 965년(광종 16)에 그 동안 통교가 끊어져 있었던 송에 사신으로 가서 송 태조로부터 檢校兵部尙書의 벼슬을 받았다. 983년(성종 2)에는 병무를 담당하는 兵官御事를 역임했다.

제4장 제2차 전쟁

1) 거란 성종의 권농 정책, 유민 정착, 황무지 개간, 세금 감면에 관한 기록은 다음과 같다. 『遼史』 권13, 聖宗 統和 12년 7월 甲寅 : 『遼史』 권13, 聖宗 統和 12년 12월 甲申 : 『遼史』 권13, 聖宗 統和 13년 정월 庚申 : 『遼史』 권13, 聖宗 統和 12년 12월 庚寅 : 『遼史』 권13, 聖宗 統和 15년 정월 乙未 : 『遼史』 권13, 聖宗 統和 15년 3월 戊辰 : 『遼史』 권13. 聖宗 統和 12년 2월 甲申.

2) 『遼史』 권13, 聖宗 統和 12년 3월.

3) 『遼史』 권13, 聖宗 統和 12년 8월 乙酉 : 『遼史』 권13, 聖宗 統和 12년 9월 辛酉.

4) 『遼史』 권13, 聖宗 統和 18년 정월.

5) 『遼史』 권13, 聖宗 統和 19년 10월 丙寅.

6) 『遼史』 권13, 聖宗 統和 22년 9월 己丑.

7) 『遼史』 권13, 聖宗 統和 20년 12월 戊子.

8) 『遼史』 권60, 食貨 統和 23년.

9) 『遼史』 권13, 聖宗 統和 27년 12월 辛卯.

10) 목종은 18세로 즉위했기 때문에 초반에는 千秋太后가 섭정했다. 천추태후는 서경 출신의 金致陽과 사통하여 아들을 낳았다. 목종에게 신병이 있자 천추태후는 이 아들을 왕위에 즉위시키려고 했다. 이를 알게 된 목종은 大良院君 詢을 후계자로 지목하고, 자신의 호위를 위해 西北面都巡檢使로 나가 있던 강조를 불러들였다. 그러나 강조는 개경에 진입하자 목종을 강제로 퇴위시키고 순을 즉위시켰다(顯宗). 이어서 김치양 일파를 숙청하고 목종을 충주로 유배보내는 도중 시해했다.

11) 『高麗史』 권3, 顯宗 원년 5월 甲申.

12) 『遼史』 권13, 聖宗 統和 28년 5월 丙午.

13) 『遼史』 권88, 列傳18 蕭敵烈.

14) 『遼史』 권88, 列傳18 蕭敵烈.

15) 『遼史』 권13, 聖宗 統和 28년 8월 丁卯.

16) 『遼史』 권13, 聖宗 統和 28년 9월 辛卯.

17) 『遼史』 권13, 聖宗 統和 28년 10월.

18) 『高麗史』 권4, 顯宗 원년 11월.

19) 『高麗史』 권3, 顯宗 원년 8월 丁未.

20) 『高麗史』 권3, 顯宗 원년 9월.

21) 『高麗史』 권4, 顯宗 원년 10월 癸丑.

22) 『高麗史』 권4, 顯宗 원년 11월 丙子.
23) 『高麗史』 권3, 顯宗 원년 10월 丙午.
24) ㉠수의 침입 : 요동→의주→선천→평양
　　㉡몽고의 침입 : 의주→철주→선주(선천)→안주→평양→개성
　　　　　　　　　 의주→귀주→대주→영변→강동→수안→개성
　　㉢정묘호란(後金) : 의주→용천→선천→평양→평산→개성
　　㉣병자호란(淸) : 의주→용천→선천→평양→평산→개성
25) 서경을 경유하는 이 기동로는 뒷날 몽고와 청의 침입 경로와 대체로 일치한다.
26) 성의 위치에 대해서는 연구자들 사이에 논란이 있다. 『麗遼戰爭史』(國防部戰史編纂委員會, 1990)에서는 의주 남쪽 백마산 일대로 추정하고 있는데, 근래 평안북도 피현군 당후리의 쏙새산에 위치한 걸망성이라는 주장이 설득력 있다(徐日範, 「徐熙가 구축한 城郭과 淸川江 以北 防禦體系」, 『徐熙와 高麗의 高句麗繼承意識』, 1999, 152쪽).
27) 『高麗史』 권4, 顯宗 원년 11월 辛卯.
28) 『高麗史節要』 권3, 顯宗 원년 11월 壬辰 : 『高麗史節要』 권3, 顯宗 원년 11월 癸巳.
29) 『高麗史節要』 권3, 顯宗 원년 11월 癸巳.
30) 『高麗史節要』 권3, 顯宗 원년 11월.
31) 『高麗史節要』 권3, 顯宗 원년 11월 乙未.
32) 『高麗史節要』 권3, 顯宗 원년 11월 丁酉.
33) 『高麗史節要』 권3, 顯宗 원년 11월 壬辰. "崔士威等 分軍出龜州北 恶頓湯井曙星三道 與契丹戰 敗績" 사료에 나타나는 육돈·탕정·서성 지역의 정확한 위치는 확인할 수 없으나, 귀주 북방으로 표시하고 있고, 당시 기동로를 고려했을 때 안의진에서 귀주 지역의 중간쯤으로 추정된다.
34) 거란군은 성을 공략하지 못했을 경우 통상 군대 일부를 성의 주변에 주둔시켜 위협에 대비했다. 다만 흥화진 주변 지역이 20만의 병력이 주둔할 만한 여건은 아니라는 점과 거란군의 행군 길이를 감안하면, 상당수 병력은 아직 압록강을 도하하기 전이었을 것으로 판단된다.
35) 國防部戰史編纂委員會, 위의 책, 1990, 121쪽
36) 통주성의 위치에 대해서 여러 설이 있으나, 최근의 연구에서는 『新增東國輿地勝覽』의 견해를 따라 동림군의 동림성이 곧 宣州城임을 밝히고 있다. 아울러 삼수채의 위치에 관해서도 동림성 서남쪽의 청강 합수목 일대로 추정하고 있다(徐日範, 위의 논문, 158쪽).
37) 徐日範, 위의 논문, 158쪽.

38) 『高麗史節要』 권3, 顯宗 원년 11월.
39) 『高麗史』 권127, 列傳40 康兆.
40) 『高麗史節要』 권3, 顯宗 원년 11월 乙亥.
41) 『高麗史節要』 권3, 顯宗 원년 12월. 『高麗史』의 기록과 지금까지의 연구에 의하면 곽주성은 평안북도 곽산군 곽산읍에서 동북쪽으로 약 7리 정도 떨어진 능한산에 위치한 것으로 비정된다(徐日範, 위의 논문, 153쪽).
42) 이 성은 고구려 때 처음 구축되어 고려와 조선을 거치면서 증개축한 것으로 보인다(徐日範, 앞의 논문, 153~154쪽).
43) 완항령의 정확한 위치는 확인할 수 없으나, 지형을 고려했을 때 곽주와 통주사이에 위치한 문상리 일대일 것으로 추정된다.
44) 『高麗史節要』 권3, 顯宗 원년 11월.
45) 『高麗史節要』 권3, 顯宗 원년 12월 庚戌.
46) 『高麗史節要』 권3, 顯宗 원년 12월.
47) 『高麗史』 권4, 顯宗 원년 12월.
48) 『高麗史』 권4, 顯宗 원년 12월 癸丑.
49) 『高麗史』 권4, 顯宗 원년 12월 甲寅.
50) 『高麗史節要』 권3, 顯宗 원년 12월 甲寅.
51) 『高麗史節要』 권3, 顯宗 원년 12월 甲寅.
52) 정확한 위치는 비정할 수 없으나 『麗遼戰爭史』에서는 서경 북쪽 20리 지점으로 보고 있다.
53) 정확한 위치는 비정할 수 없으나 『麗遼戰爭史』에서는 임원역 북방 10리 지점 보통강가의 마식리로 추정하고 있다.
54) 『高麗史節要』 권3, 顯宗 원년 12월 丙辰.
55) 『高麗史節要』 권3 顯宗 원년 12월 己未.
56) 『高麗史節要』 권3, 顯宗 원년 12월 辛酉.
57) 『高麗史節要』 권3, 顯宗 원년 12월 壬申.
58) 『高麗史節要』 권3, 顯宗 원년 12월 甲戌.
59) 당시 顯宗은 1월 4일 廣州를 출발하여 安城·天安·參禮驛을 거쳐 13일에는 羅州에 이르게 된다.
60) 『高麗史節要』 권3, 顯宗 2년 정월 乙酉.
61) 國防部戰史編纂委員會, 위의 책, 1990, 151쪽.

62) 자세한 자료는 제2장 1. 전쟁 지역의 지리적 환경 참조.
63) 군사적으로는 이를 전력전환점이라고 칭하는데, 彼我間의 태세 및 전투력에 변동을 초래하여 상대적인 전투력의 비율이 역전하는 상태가 되는 점을 말하며, 부대의 사기와 불리한 전투 상황, 지형과 기상이 영향을 미친다(陸軍大學, 『戰理入門』, 1998, 159~160쪽).
64) 『高麗史節要』 권3, 顯宗 2년 정월 辛卯.
65) 『高麗史節要』 권3, 顯宗 2년 정월 壬辰.
66) 『高麗史節要』 권3, 顯宗 2년 정월 癸巳.
67) 『高麗史節要』 권3, 顯宗 2년 정월 丙申.
68) 『高麗史節要』 권3, 顯宗 2년 정월 壬寅.
69) 『麗遼戰爭史』에서는 이수·석령·여리참·애전 등 전투 지역을 귀주에서 통주의 중간 지역으로 표현하고 있으나 사료상의 기록만으로 그 위치를 확인하기 곤란하다.
70) 『高麗史節要』 권3, 顯宗 2년 정월 癸卯.

제5장 제3차~제6차 전쟁

1) 『高麗史』 권4, 顯宗 2년 4월 乙丑.
2) 『高麗史』 권4, 顯宗 2년 8월 癸巳; 『高麗史』 권4, 顯宗 2년 11월 乙丑; 『高麗史』 권4, 顯宗 2년 11월 壬午.
3) 『高麗史』 권4, 顯宗 2년 12월.
4) 『遼史』 권13, 聖宗 開泰 원년 4월 庚子.
5) 『高麗史』 권4, 顯宗 3년 6월 甲子. 『遼史』 8월 己未에 같은 사실이 보인다.
6) ① 『高麗史』 권4, 顯宗 4년 3월 戊申 ② 『遼史』 권13, 聖宗 開泰 2년 6월 辛酉 ③ 『高麗史』 권4, 顯宗 4년 7월 戊申 ④ 『遼史』 권13, 聖宗 開泰 3년 2월 甲子. 이 중 ①과 ③은 『高麗史』의 기록이고 ②와 ④는 『遼史』의 기록으로, ②와 ③, ①과 ④가 각각 동일한 사실을 나타내는 것으로 보고 있다. 다만 ④의 경우는 1년의 오차가 있다고 보는 것이 일반적이다(池內宏, 「契丹聖宗の高麗征伐」 『滿鮮史研究 中世篇』 2, 1937; 金在滿, 『契丹·高麗關係史研究』, 1999, 140쪽). 두 자료 사이에 나타나는 1개월의 차이는 출발과 도착의 차이를 반영한다.
7) 거란의 강동 6주 반환 요구는 실상 강동 6주를 영유하려는 의도에서가 아니고 고려가 자의대로 외교를 전개할 수 없도록 압박하는 수단이었을 뿐이라는 견해가 있다. 이의 근거로 거란과 같은 유목 민족은 약탈 경제의 성격으로 인해 영토 확보에 민감하지 않

다는 사실을 지적했다(金在滿, 위의 책, 1999, 136~137쪽). 그러나 강동 6주는 농경과 관련된 영역적 의미보다는 압록강 연안의 지정학적 중요성이 더 큰 곳이다.

8) 이러한 상관성은 거란이 압록강에 浮梁을 설치하고 고려 원정을 거듭할 때 東女眞 무리가 고려에 내투하는 상황이 발생하는 것에서 짐작할 수 있다.

9) 『高麗史』 권4, 顯宗 4년 5월 壬寅.

10) 『高麗史』 권4, 顯宗 4년 5월 丁酉.

11) 『高麗史』 권4, 顯宗 4년 6월 丁卯.

12) 『遼史』 권15, 聖宗 開泰 3년 6월.

13) 『高麗史』에는 1015년에 거란이 宣化鎭과 定遠鎭을 차지하고 축성했다는 기록이 있는데, 같은 사실이라고 보면 『高麗史』의 것이 1년 늦은 것이다(『高麗史』 권4, 顯宗 6년). 혹 1014년에는 保州에 축성하고 이듬해 宣化鎭 등에 축성한 것이 합쳐 기록되었을 가능성도 있다.

14) 『遼史』 권15, 聖宗 開泰 3년 6월.

15) 『高麗史』 권94, 列傳7 楊規 ; 『高麗史節要』 권3, 顯宗 3년 정월.

16) 『高麗史』 권4, 顯宗 5년 10월 己未.

17) 『高麗史』 권4, 顯宗 6년 정월.

18) 『高麗史』 권4, 顯宗 6년 정월.

19) 『遼史』 권15, 聖宗 開泰 4년 정월 壬寅. 이 기록은 앞서 소적열의 흥화진 공격과 따로 기록되어 있으나 실제로는 그 연장선에 있었다고 판단된다. 그것은 앞서 출정한 소적열이 귀환하는 것이 4월이라는 점(『遼史』 권15, 聖宗 開泰 4년 4월 甲寅), 『高麗史』의 기록에 浮橋 설치와 흥화진 공격이 정월의 사건으로 함께 정리된 것에서 확인된다.

20) 『高麗史』 권4, 顯宗 6년 4월 庚申.

21) 억류된 耶律行平은 고려와 거란의 전쟁이 사실상 모두 종료된 후에야 송환되었다.

22) 『遼史』 권15, 聖宗 開泰 4년 5월 辛巳.

23) 『高麗史』 권4, 顯宗 6년 9월 甲寅.

24) 『高麗史』 권4, 顯宗 6년 9월.

25) 『高麗史』 권4, 顯宗 6년 9월.

26) 『遼史』 권15, 聖宗 開泰 4년 11월 庚申.

27) 『高麗史』 권4, 顯宗 6년 12월.

28) 『高麗史』 권94, 列傳7 郭元.

29) 金在滿은 池內宏의 고증에 근거하여 이 기록이 실제로는 1015년(顯宗 6) 교전 기록의

일부라고 파악했다(앞의 책, 1999, 146~147쪽).

30) 『高麗史』 권4, 顯宗 7년 정월 庚戌.

31) 『高麗史』 권4, 顯宗 7년 正月 甲寅.

32) 『高麗史』 권4, 顯宗 7년.

33) 『遼史』 권15, 聖宗 開泰 6년 2월 丁丑.

34) 『遼史』 권15, 聖宗 開泰 6년 5월 戊戌.

35) 『高麗史』 권4, 顯宗 8년 8월 癸巳.

36) 『高麗史』 권4, 顯宗 9년.

37) 『遼史』 권16, 聖宗 開泰 7년 9월 庚午.

38) 『高麗史』에는 거란의 지휘관이 蕭遜寧으로 되어 있으나 『遼史』에 따르면 이는 蕭排押의 잘못이다.

39) 『遼史』 권16, 聖宗 開泰 7년 10월 丙辰.

40) 강감찬은 983년 과거에 급제한 인물로 2차전 당시에 거란에 대한 항복을 강력하게 반대한 바 있다.

41) 『高麗史』 권94, 列傳7 姜邯贊.

42) 최초 홍화진에서 패한 거란군이 어떠한 경로를 거쳐 청천강을 건넜는지에 대해서는 분명하게 알려져 있지 않다. 다만 도로 발달 상태를 고려할 때 보주에서 귀주까지의 기동로는 금광리를 거쳐 안의진을 경유하는 통로와 홍화진에서 안의진을 경유하는 통로를 이용할 수 있었다. 그러나 금광리에서 안의진에 이르는 기동로는 홍화진을 거치는 기동로에 비해 많은 고개와 애로 지역을 극복해야 했다. 또한 1차전 이전에 금골·송림리·대유리·신시리를 연결하는 선에 토성 형태의 성곽이 구축된 점은 당시 이 곳을 통해 사람의 왕래는 물론 북방의 침입이 있었음을 반증한다. 이로 미루어 거란군은 홍화진에서 피현-장거리를 거쳐 안의진으로 이어지는 기동로를 이용했을 가능성이 높다. 이 기동로는 2차전시 홍화진으로 기동한 부대와 별도로 귀주까지 진출한 거란군도 이용했을 것으로 추정된다.

43) 다만 그 당시 전투 시기를 고려할 때 실제 수공 작전이 가능했는가에 대해서는 재론의 여지가 있다. 즉 전투가 치루어진 12월 10일은 양력 1월 24일로서 기온이 평균 영하 11도, 최저 영하 24도까지 떨어지는 추운 날씨였을 것으로 판단된다. 이러한 추운 날씨 속에서 수공 작전을 위해서 결빙되지 않은 충분한 양의 물을 저장할 수 있었는가에 대해서는 다소 의문점이 있다.

44) 기록에 의하면 성의 동쪽을 막았다 했으니 석교리에서 감초리 일대를 막았을 것으로 판

단되며, 실제 수공 작전을 실시했던 지역은 지형을 고려했을 때 석교리 일대가 가능했을 것으로 판단된다. 참고로 『麗遼戰爭史』에서는 석교리 일대에 물을 가두고 서상리에서 감초리 방향으로 우회하는 거란군에 대해 감초리 일대에서 수공 작전을 실시했던 것으로 보고 있다. 그러나 이는 홍화진성의 위치를 잘못 판단한 결과이다. 서상리에서 감초리로 이어지는 도로가 제한될 뿐더러 홍화진성에 인접하여 있어 거란군이 이 방향으로 우회했을 가능성은 희박하다.

45) 『高麗史節要』권3, 顯宗 9년 12월 戊戌: 『遼史』권16, 聖宗 開泰 7년 12월. 『요사』에서는 삼교천 전투가 開泰 7년, 곧 1018년 12월의 기록으로 되어 있다. 일부 연구에서는 이 기록을 두고 이듬해 2월, 이른바 귀주대첩에 해당하는 것으로 해석하면서 茶陀二河도 귀주 인근을 흐르는 하천으로 설명하고 있다(金在滿, 위의 책, 1999, 155~156쪽. 이것은 池內宏의 견해를 수용한 것이다). 그러나 거란 군대가 '沒溺'했다는 기록에 주목한다면, 이는 삼교천 전투에서 姜邯贊이 水攻을 펼친 결과로 보아야 하며, 시점도 1018년의 것으로 보는 것이 타당하다. 왜냐하면 후술할 귀주대첩 기록에는 거란 군대가 沒溺했다고 볼 만한 내용이 나타나지 않기 때문이다.

46) 『高麗史節要』권3, 顯宗 9년 12월 戊戌. 여기서 내구산과 마탄 전투의 기록이 12월 戊戌日의 삼교천 전투 기록에 이어 나타나지만 삼교천과의 거리를 감안할 때 이는 그보다 뒤의 전황으로 보아야 하며 대략 12월 하순경으로 추정된다.

47) 『高麗史』권4, 顯宗 9년 12월.

48) 『高麗史節要』권3, 顯宗 10년 정월 庚申.

49) 『高麗史節要』권3, 顯宗 10년 정월 辛酉.

50) 『高麗史節要』권3, 顯宗 10년 정월 辛酉.

51) 『高麗史節要』권3, 顯宗 10년 정월 辛巳. 연주와 위주는 현재의 평안북도 영변군과 구장군의 접경 지역 일대이다.

52) 귀주성은 內城과 外城으로 이루어져 있는데, 994년에 구축된 내성은 약 5km이고 후에 쌓은 외성은 약 1.5km이다.

53) 徐日範, 「徐熙가 구축한 城郭과 淸川江 以北 防禦體系」, 『徐熙와 高麗의 高句麗繼承意識』, 1999, 155쪽.

54) 『高麗史節要』권3, 顯宗 10년 2월 己丑.

제6장 전쟁 종결과 동북아시아 정세 변화

1) 『遼史』 권16, 聖宗 開泰 8년 6월 戊子; 『遼史』 권16, 聖宗 開泰 8년 6월 乙巳; 『遼史』 권16, 聖宗 開泰 8년 7월 己未; 『遼史』 권16, 聖宗 開泰 8년 7월 辛酉.
2) 이 시기의 거란 사신의 파견은 『遼史』에는 나타나지 않지만 『高麗史』에는 기록되어 있다. 『高麗史』 권4, 顯宗 10년 5월 戊辰; 『高麗史』 권4, 顯宗 10년 8월 辛卯.
3) 『遼史』 권16, 聖宗 開泰 8년 8월 庚寅.
4) 『遼史』 권16, 聖宗 開泰 8년 12월 辛亥.
5) 『高麗史』 권4, 顯宗 11년 2월.
6) 『高麗史』 권4, 顯宗 11년 3월 癸丑.
7) 『高麗史』 권4, 顯宗 11년 3월 己未. 이 시기 교섭 과정은 『遼史』에도 나타난다. 『遼史』 권16, 聖宗 開泰 9년 5월 庚午; 『遼史』 권16, 聖宗 開泰 9년 5월 辛未.
8) 『高麗史』 권4, 顯宗 13년 4월.
9) 『高麗史』 권6, 靖宗 원년 5월.
10) 崔圭成, 「북방민족과의 관계」, 『한국사(신편)』 15, 국사편찬위원회, 1995, 341쪽.
11) 『高麗史』 권6, 靖宗 4년 7월 甲寅.
12) 『契丹國志』에는 거란과 고려 사이에 오간 朝貢品과 回賜品에 대해 구체적으로 기록되어 있는데, 그 내용은 1038년의 사례보다 많은 것으로 확인된다. 『契丹國志』에 나타난 양국 간의 무역 내용에 대해서는 崔圭成, 위의 책, 341~343쪽 참조.
13) 『高麗史節要』 권3, 顯宗 10년 7월.
14) 『高麗史』 권94, 列傳7 楊規.
15) 『高麗史節要』 권3, 顯宗 10년 4월 및 5월.
16) 『高麗史節要』 권3, 顯宗 10년 11월.
17) 『高麗史』 권4, 顯宗 즉위년 3월.
18) 『高麗史』 권5, 顯宗 20년 8월.
19) 『高麗史』 권71, 樂2.
20) 『高麗史』 권82, 兵2 城堡.
21) 『高麗史』 권5, 德宗 2년 8월.
22) 『高麗史』 권6, 靖宗 원년 9월.
23) 『高麗史』 권82, 兵2 城堡.
24) 『高麗史』 권82, 兵2 城堡 德宗 2년.
25) 『高麗史』 권81, 兵1 兵制 顯宗 20년 윤2월.

26) 『高麗史』 권81, 兵1 兵制 顯宗 22년 2월.
27) 『高麗史』 권81, 兵1 兵制 德宗 원년 11월.
28) 『高麗史』 권81, 兵1 兵制 靖宗 5년 6월.
29) 『高麗史』 권81, 兵1 兵制 德宗 원년 3월. 이 무기들의 정확한 특성은 알 수 없지만, 변방 여러 성의 방어력을 증강시키기 위해 제작된 무기임에는 틀림없다. 『麗遼戰爭史』에서는 革車를 전차로 이해하고, 繡質弩는 繡質九弓弩로 해석하고 9개의 화살을 동시에 쏠 수 있는 무기로 보았다. 雷騰石砲에 대해서는 설명이 없고, 八牛弩는 쇠뇌의 일종이라고만 했다(國防部戰史編纂委員會, 위의 책, 1990, 226쪽). 朴元綽는 1040년(靖宗 6)에 繡質九弓弩를 제작하여 바쳤는데(『高麗史』 권81, 兵1 兵制 靖宗 6년 10월), 이는 종래의 繡質弩를 개량하여 기능을 강화한 것으로 추정된다.
30) 『高麗史』 권82, 兵2 屯田 靖宗 10년 2월.
31) 『高麗史』 권82, 兵2 屯田 文宗 18년 6월 및 22년 6월.
32) 『高麗史』 권82, 兵2 屯田 顯宗 15년 정월.
33) 『高麗史』 권82, 兵2 屯田 文宗 27년 4월.
34) 『高麗史』 권5, 顯宗 21년 5월 乙丑.
35) 『高麗史』 권5, 顯宗 21년 10월.
36) 『高麗史』 권5, 德宗 즉위년 10월 丁丑.
37) 『高麗圖經』 권19, 工技.
38) 金渭顯, 「高麗와 契丹의 關係」 『한민족과 북방과의 관계사 연구』, 1995, 175~176쪽.
39) 金渭顯, 위의 논문, 174쪽.
40) 『高麗史』 권9, 文宗 27년 6월 戊寅.
41) 宋 仁宗의 재위 기간은 1022년에서 1063년으로 거란 聖宗 말년에서 興宗 일대 및 道宗 초반에 해당한다.
42) 『宋史』 권173, 食貨志 序文.

부록

⟨표 Ⅰ-1⟩ 제1차 전쟁 이전의 서북방 축성

축성 연도	지 역	현재 지명	축성 연도	지 역	현재 지명
919(태조 2)	平壤	평양	〃	陽嵒鎭城	양덕
〃	龍岡縣城	용강	〃	龍岡縣	용강
920(태조 3)	鶻巖鎭		〃	平原	평원군 영유
〃	咸從縣城	강서군 함종	〃	安北府	안주
〃	安北		〃	永淸縣	평원군 영유
921(태조 4)	雲南郡	영변	939(태조22)	肅州城	숙천
922(태조 5)	西京在城	평양	939(태조22)	大安州	순천
〃	牙善城	강서군 함종	940(태조23)	殷州城	순천군 은산
925(태조 8)	成州	성천	947(정종2)	德昌鎭	박천
〃	湯井郡		〃	鐵甕鎭	영흥
928(태조11)	安北府	안주	〃	通德鎭	숙천
〃	通德鎭	숙천	〃	德成鎭	영변
929(태조12)	安定鎭	순안	〃	博州	박천
〃	永淸縣	평원군 영유	950(광종1)	長靑鎭	영변
〃	安水鎭	개천	〃	威化鎭	운산
〃	興德鎭	순천	951(광종2)	博川城	박천
930(태조13)	安水鎭	개천	〃	撫州城	
〃	連州	개천	952(광종3)	安朔鎭	운산
〃	安北府城	안주	959(광종10)	泰州城	태천
〃	朝陽鎭	개천	960(광종11)	濕忽	가산
931(태조14)	剛德鎭	성천	〃	松城	박천
934(태조17)	通海縣城	평원군 영유	963(광종14)	高州城	
935(태조18)	肅州	숙천	〃	和州城	
937(태조20)	順州	순천	〃	嘉州城	가주
938(태조21)	西京羅城	평양	967(광종18)	樂陵郡	

축성 연도	지 역	현재 지명	축성 연도	지 역	현재 지명
968(광종19)	威化鎭		973(광종24)	信都	박천
969(광종20)	寧朔鎭	태천	〃	嘉州	
〃	泰州		〃	安戎鎭城	신안주
〃	和州城		979(경종4)	淸塞鎭	희천
970(광종21)	安朔鎭		983(성종2)	樹德鎭城	양덕
972(광종23)	雲州		984(성종3)	文州城	

『高麗史』권82, 兵2 城堡條를 기초로 작성한 것임.

〈표 Ⅰ-2〉 제1차 전쟁 이후 제2차 전쟁 이전의 축성

축성 연도	지 역	현재 지명	축성 연도	지 역	현재 지명
994(성종13)	長興鎭	태천	1003(목종6)	威化鎭	운산
〃	歸化鎭		〃	光化鎭	
〃	郭州	곽산	1005(목종8)	金壤縣城	
〃	龜州	구성	〃	郭州城	곽산
995(성종14)	安義鎭	천마	〃	龜州	구성
〃	興化鎭	피현	〃	鎭溟縣城	
〃	靈州城	〃	1006(목종9)	龍津鎭城	
〃	猛州城	맹산	1006(목종9)	龜州城	
996(성종15)	宣州城	선천	1007(목종10)	翼嶺縣城	
1000(목종3)	德州城	영원	〃	興化鎭	피현
1001(목종4)	平虜鎭	희천	1008(목종11)	登州城	
1003(목종6)	德州	영원	〃	通州	선천
〃	嘉州	가주	1010(현종1)	德州	

『高麗史』권82, 兵2 城堡條의 기록을 기초로 작성한 것임.

⟨표 Ⅰ-3⟩ 제2차 전쟁 이후 천리장성 축조 이전의 축성

축성 연도	지 역	현재 지명	축성 연도	지 역	현재 지명
1014(현종5)	龍州城	용천	1029(현종20)	定戎鎭城	의주
1016(현종7)	宣州城	선천	1030(현종21)	寧德城	의주
〃	鐵州城	철산	〃	麟州城	
1017(현종8)	安義鎭城	천마	1032(덕종1)	朔州城	삭주
1019(현종10)	永平鎭	의주	1033(덕종2)	杆城縣城	
1027(현종18)	淸塞鎭城	희천	〃	安戎鎭城	신안주
1029(현종20)	威遠鎭城	의주			

『高麗史』권82, 兵2 城堡條의 기록을 기초로 작성한 것임.

〈표 I-4〉 고려 초기 양계의 성 규모와 시설

연도	地名	크기 (간수)	둘레 (km)	門 (개소)	水口 (개소)	城頭 (개소)	遮城 (개소)
919	龍岡縣城	1,807	3.252	6	1		
920	咸從縣城	236	0.424	4	3	4	2
925	成州城	691	1.243	7	5	7	1
930	安北府城	910	1.638	12	7	20	5
930	朝陽鎭城	821	1.477	4	1	2	2
934	通海縣城	513	0.923	5	1	4	
937	順州城	610	1.098	5	9	15	6
938	陽嵒鎭城	252	0.453	3	22	2	2
939	肅州城	1,225	2.205	10	1	70	
940	殷州城	739	1.330	8	4	2	4
951	博州城	1,001	1.801	9	1	16	9
951	撫州城	603	1.085	5	2	8	3
969	長平鎭城	535	0.963	4			
959	泰州城	885	1.593	6	1	37	4
963	高州城	1,016	1.829	6			
963	和州城	1,014	1.825	6	3		
963	嘉州城	1,519	2.734				
983	樹德鎭城	235	0.423	4	1	9	9
984	文州城	578	1.040	6			
995	靈州城	699	1.258	7	2	12	2
995	猛州城	655	1.179	5	4	19	2
996	宣州城	1,158	2.084	6	1	36	3

연도	地名	크기 (간수)	둘레 (km)	門 (개소)	水口 (개소)	城頭 (개소)	遮城 (개소)
1000	德州城	781	1.411	5	9	24	3
1005	金壤縣城	768	1.382	6			
1005	郭州城	787	1.417	8	1	5	2
1005	鎭溟縣城	510	0.918	5			
1006	龍津鎭城	501	0.902	6			
1006	龜州城	1,507	2.713	9	1	41	5
1007	翼嶺縣城	348	0.626	4			
1008	登州城	602	1.084	14	2		
1014	龍州城	1,573	2.831	10	1	12	4
1016	宣州城	652	1.174	5			
1016	鐵州城	789	1.420	7	1	18	4
1017	安義鎭城	834	1.501	5	1	2	3
1027	淸塞鎭城	821	1.478	7	4	15	4
1029	威遠鎭城	825	1.485	7	3	12	5
1030	寧德城	852	1.534	7	12	14	7
1030	麟州城	1,349	2.428	9	2	23	6
1032	朔州城	865	1.557	8	2	17	5
1033	靜州鎭城	1,553	2.795	10	1	45	9
1033	杆城縣城	1,553	2.795	10	1	45	9
1033	安戎鎭城	1,552	2.795	10	1	45	9

『高麗史』 권82, 兵2 城堡條의 기록을 기초로 작성한 것임. 성 둘레는 1間을 1.8m로 환산한 것임.

〈표 Ⅱ-1〉 고려 태조대 발해인 내투 사례

시 기	내 용
925년 9월	발해장군 申德 등 500인이 투항. 禮部卿 大和鈞, 均老司政 大元鈞, 工部卿 大福謨, 左右衛將軍 大審理 등이 백성 100여 호를 이끌고 다시 투항
12월	左首衛小將 冒豆干, 檢校開國男 朴漁 등이 1,000호를 이끌고 투항
927년 3월	工部卿 吳興 등 50인과 승려 載雄 등 60인이 투항
928년 3월	발해인 金神 등 60호가 투항
7월	발해인 大儒範이 백성을 이끌고 투항
929년 6월	발해인 洪見 등이 20여 척의 배를 이끌고 투항
9월	발해인 正近 등 300여 인이 투항
934년 7월	발해국 세자 大光顯 등이 수만 명을 이끌고 투항
12월	발해인 陳林 등 160인이 투항
938년	발해인 朴勝이 3,000여 호와 함께 투항

『高麗史』의 來投 기록을 바탕으로 정리한 것임.

〈표 Ⅱ-2〉 1016년~1018년 사이의 北方民 來投 사례

시 기	내 투 내 용
1016년 2월 壬午	契丹의 王美·延相 등 7인이 來奔
甲辰	契丹의 曹恩·高忽 등 6인이 來投
5월 乙亥	契丹의 馬兒·保良·王保·可新 등 13戶가 來投.
5월 乙丑	契丹의 要豆 등 3인이 來投
6월 戊寅	契丹의 志甫 등 3인이 來投
6월 乙酉	契丹의 張烈·公現·申豆·猷兒·王忠 등 30戶가 來投
7월 丁巳	契丹의 由道·高宗 등 9인이 來投
8월	契丹의 朱簡·從道 등 8인이 來投
9월 己酉	契丹의 羅墾 등 5인이 來投
9월 辛未	契丹의 奉大·高里 등 19인이 來投
11월 丙辰	契丹의 匡乂兒 등 10인이 來投
12월 乙未	契丹의 瑟弗達 등 6인이 來投
1017년 7월 戊戌	契丹의 光正 등 7戶가 來投
7월 己酉	契丹의 買瑟·多乙·鄭新 등 14인이 來投
8월 癸酉	契丹의 果許伊 등 3戶가 來投
8월 乙酉	東女眞의 盖多弗 등 4인이 來投
9월 甲午	黑水靺鞨의 阿離弗 등 6인이 來投
9월 甲辰	契丹의 群其·昆伎, 女眞의 孤這 등 10戶가 來投
1018년 정월 丙申	定安國人 骨須가 來投
2월 丙戌	契丹의 張正 등 4인이 來投
3월 甲午	契丹의 宋匡襲·伊盖 등 10여 인이 來投
4월 辛巳	西女眞의 木史·木開 등 200戶가 來投
5월 乙丑	契丹의 史夫가 來投
12월 壬辰	契丹人 王遂가 來投

『高麗史』의 來投 기록을 바탕으로 정리한 것임.

〈표 Ⅲ-1〉 式目形止案에 수록된 북계 4성의 군액

4성의 군액

구 분	抄軍	左軍	右軍	保昌	合軍(合行軍)	白丁軍
귀주성	24대	20대	5대	8대	1,637인	125대 3,294인
영주성	16	26	4	7	1,523	141대 3,666인
맹주성	8	8(弩1)	2(馬1)	4	630	89대 2,072인
인주성	34(馬6)	134	4	7	2,230	36대 821인

북계 41성의 군액 총수

구 분	軍額	計隊	行軍
抄猛(將相將校軍士 幷)	14,491	938 (馬軍 97)	13,460
左猛(上同)	13,475	503 (馬軍 71, 弩軍 48)	12,570
右猛(上同)	4,979	107 (馬軍 16)	4,803
保昌(上同)	7,451	268	7,168
합계	40,396	(1,816)	
雜尺(所丁·津江丁·部曲丁·驛丁)	3,859		
白丁軍	70,960	2,805	

◎ 연 표

연대	고려	거란	중국	주 요 사 실
891			唐 (618~907)	
895	後百濟 (892~936)			892: 견훤, 후백제 건국
900				901: 궁예, 후고구려 건국
905	後高句麗 (901~918)			907: 耶律阿保機, 8部大人으로 추대 / 後梁 건국
910			後梁 (907~923)	
915		태조 (916~926)		916: 거란제국(遼) 건국, 東平郡 설치 918: 왕건, 궁예를 축출하고 고려 건국
920	태조 (918~943)			922: 태조 서경 행차, 西京在成 수축 시작 거란, 후량의 유주·계주 공격 923: 後梁 멸망, 後唐 건국 924: 발해, 거란의 遼州 공격 925: 거란, 발해 정벌(부여성·홀한성 공략) 926: 발해 공멸 후 東丹國 설치

925			後唐
			(923~936)
				928: 후당, 거란 수도(上京) 공격
				  동단국 주민을 이주시켜 南京 설치
				  안북부에 축성 및 開定軍 주둔

930		태종 (926~947) *태조2남		934: 後唐의 연호 사용과 사대외교 전개 후발해 멸망, 정안국 건국 935: 신라 경순왕 귀순 / 신라 멸망 936: 후백제 멸망 및 후삼국 통일
935			後晉 (936~946)	거란, 석경당 반란 지원 후당 공멸 및 후진 건국 後晉, 연운 16주 거란에 할양 938: 후진의 연호 사용

부록

연대	고려	거란	중국	주 요 사 실
941	혜종 (943~945) *태조1남	태종 (925~947) *태종2남	後晋 (936~946)	942: 만부교 사건, 거란과 단교 943: 後晋 出帝 등극과 자주노선 표명 　　　거란, 후진을 3차례 공격(~946) 946: 거란, 後晋 공멸, 국호를 大遼로 변경
945	정종 (945~949) *태종2남	세종 (947~951) *人皇王 子	後漢 (947~951)	947: 光軍司 설치 / 後漢 건국 948: 後漢의 연호 사용
950				951: 後漢 멸망과 후주 건국 / 後周의 연호 사용 953: 後周의 北漢 공격과 거란의 북한 지원(~960)
955	광종 (949~975) *태조4남	목종 (951~969) *태종1남	後周 (951~960) 北漢 (951~979)	956: 노비안검법 실시 958: 과거제도 실시
960				960: 後周 조광윤 반란, 宋 건국(후주 멸망) 963: 宋의 연호 사용
965				
970			宋 (960~1127)	968: 宋의 거란 공격 969: 穆宗 시해
975		경종 (969~982) *세종2남		974: 거란·宋 사신 교환 976: 宋의 北漢 공격과 거란의 북한 지원
980	경종 (975~981) *광종2남			979: 宋의 北漢 공멸 및 거란 공격 982: 국호를 契丹으로 개칭 / 시무28조 시행 983: 거란, 제1차 여진 정벌(~984) 　　　고려, 압록강 關城 수축 시도
985	성종 (981~997) *태조7남 旭의 2남 *경종의 사촌	성종 (982~1031)		984: 여진의 木契 사건 985: 거란, 제2차 여진 정벌(~986) 986: 송의 거란 공격과 거란의 반격
990				990: 左右軍營 설치

연대	고려	거란	중국	주 요 사 실
991 995 1000 1005 1010 1015 1020 1025 1030 1035 1040	성종 (981~997) 목종 (997~1009) *경종1남 *성종의 조카 현종 (1009~1031) *태조8남의 子 덕종 (1031~1034) *현종1남 정종 (1034~1055)	성종 (982~1031) 흥종 (1031~1055)	宋 (960~1127)	991: 압록강변 威寇·振化·來遠城 수축 　　 성종 西京 행차 및 압록강변 여진 축출 993: 고려·거란 제1차 전쟁(993. 10) 994: 거란의 연호 사용, 장흥·귀화·곽주·귀주에 축성 995: 六衛 정비, 안의·흥화진에 축성 996: 선주·맹주에 축성 998: 전시과 개정 999: 거란, 제1차 宋 정벌 1001: 거란, 제2차 宋 정벌 1004: 거란, 제3차 宋 정벌, 전연의 맹 체결 1005: 保州 權場 설치 / 外官 정리 1009: 태후 사망 / 康兆의 정변 1010: 화주에서 東女眞 무리 축출 　　 고려·거란 제2차 전쟁(1010.10~1011.1) 1012: 강동 6주 환수 요구 1013: 각 지방의 절도사 폐지, 按撫使 파견 1014: 고려·거란 제3차 전쟁(1014.6~1015.1) 1015: 고려·거란 제4차 전쟁(1015.5~1016.1) 1016: 宋의 연호 사용 1017: 고려·거란 제5차 전쟁(1017.2~8) 1018: 고려·거란 제6차 전쟁(1018.12~1019.2) 1019: 고려 원정 시도 / 義州(영평진)에 축성 1020: 거란에 사대외교 재개 / 耶律行平 석방 1022: 거란의 연호 사용 1029: 개경 羅城 완성(1009~) 1031: 신무기 제작(革車·雷騰石砲 등) 1033: 천리장성 축조 1035: 北界 松嶺 이동에 장성 축성

『遼史』卷34, 志4, 兵衛志

병제 일반

遼國兵制 凡民年十五以上 五十以下 隸兵籍 每正軍一名 馬三疋 打草穀守營鋪家丁各一人 人鐵甲九事 馬鞦轡 馬甲皮鐵 視其力 弓四 箭四百 長短鎗·錞䤩·斧鉞·小旗·鎚錐·火刀石·馬盂·粆一斗 粆袋·搭鈚傘各一 麇馬繩二百尺 皆自備 人馬不給糧草 日遣打草穀騎四出抄掠以供之 鑄金魚符 調發軍馬 其捉馬及傳命有銀牌二百 軍所舍 有遠探攔子馬 以夜聽人馬之聲

징병 체계

凡擧兵 帝率蕃漢文武臣僚 以青牛白馬祭告天地·日神 惟不拜月 分命近臣 告太祖以下諸陵及木葉山神 乃詔諸道徵兵 惟南·北·奚王 東京渤海兵馬 燕京統軍兵馬 雖奉詔 未敢發兵 必以聞 上遣大將持金魚符 合 然後行 始聞詔·攢戶丁 推戶力·聚齊衆以待 自十將以上 次第點集軍馬·器仗 符至兵馬本司自領 使者不得與 唯再共點軍馬訖 又以上聞 量兵馬多少 再命使充軍主 與本司互相監督 又請引五方旗鼓 然後皇帝親點將校 又選勳戚大臣充行營兵馬都統·副都統·都監各一人 又選諸軍兵馬尤精銳者三萬人爲護駕軍 又選驍勇三千人爲先鋒軍 又選剽悍百人之上爲遠探攔子軍 以上各有將領 又於諸軍每部 量衆寡 抽十人或五人 合爲一隊 別立將領 以備勾取兵馬騰遞公事

출정 일반

其南伐點兵 多在幽州北千里鴛鴦泊 及行 並取居庸關·曹王峪·白馬口·古北口·安達馬口·松亭關·榆關等路 將至平州·幽州境 又遣使分道催發 不得久駐 恐踐禾稼 出兵不過九月 還師不過十二月 在路不得見僧尼·喪服之人

황제의 친정

皇帝親征 留親王一人在幽州 權知軍國大軍 旣入南界 分爲三路 廣信軍·雄州·覇州各一 駕必由中道 兵馬都統·護駕等軍皆從 各路軍馬遇縣鎭 卽時攻擊 若大州軍 必先料其虛實·可攻次第而後進兵 沿途民居·園囿桑柘 必夷伐焚蕩 至宋北京 三路兵皆會 以議攻取 及退亦然 三路軍馬前後左右有先鋒 遠探攔子馬各十數人 在先鋒前後二十餘里 全副衣甲 夜中每行十里或五里少駐 下馬側聽無有人馬之聲 有則擒之 力不可敵 飛報先鋒 齊力攻擊 如有大軍 走報主帥 敵中虛實 動必知之 軍行當道州城 防守堅固 不可攻擊 引兵過之 恐敵人出城邀阻 乃圍射鼓譟 詐爲攻擊 敵方閉城固守 前路無阻 引兵進 分兵抄截 使隨處州城隔絶不通 孤立無援 所過大小州城 至夜 恐城中出兵突擊 及與鄰州計會軍馬 甲夜 每城以騎兵百人去城門左右百餘步 被甲執兵 立馬以待 兵出 力不能加 馳還勾集衆兵與戰 左右官道 斜徑·山路·河津 夜中並遣兵巡守 其打草穀家丁 各衣甲持兵 旋團爲隊 必先斫伐園林 然後驅掠老幼 運土木墳壕塹 攻城之際 必使先登 矢石檑木併下 止傷老幼 又於本國州縣起漢人鄉兵萬人 隨軍專伐園林 墳道路 御寨及諸營壘 唯用桑柘梨栗 軍退 縱火焚之 敵軍旣陣 料其陣勢小大 山川形勢 往回道路 救援捷徑 漕運所出 各有以制之 然後於陣四面 烈騎爲隊 每隊五·七百人 十隊爲一道 十道當一面 各有主帥 最先一隊走馬大譟 衝突敵陣 得利 則諸隊齊進 若未利 引退 第二隊繼之 退者 息馬飮水秒 諸道皆然 更退迭進 敵

陣不動 亦不力戰 歷二三日 待其困憊 又令打草穀家丁馬施雙箠 因風疾馳 揚塵敵陣 更互往來 中旣飢疲 目不相覷 可以取勝 若陣南獲勝 陣北失利 主將在中 無以知之 則以本國四方山川爲號 聲以相聞 得相救應

황제의 친정이 아닌 경우

若帝不親征 重臣統兵不下十五萬衆 三路往還 北京會兵 進以九月 退以十二月 行事次第皆如之 若春以正月 秋以九月 不命都統 止遣騎兵六萬 不許深入 不攻城池 不伐林木 但於界外三百里內 耗蕩生聚 不令種養而已 軍入南界 步騎車帳不循阡陌 三道將領各一人 率攔子馬各萬騎 支散游奔百十里外 更迭觇邏 及暮 以吹角爲號 衆卽頓舍 環繞御帳 自近及遠 折木稍屈 爲弓子鋪 不設鎗營塹柵之備 每軍行 鼓三伐 不問晝夜 大衆齊發 未遇大敵 不乘戰馬 俟近敵師 乘新羈馬 蹄有餘力 成列不戰 退則乘之 多伏兵斷糧道 冒夜擧火 上風曳柴 饋餉自齎 散而復聚 善戰 能寒 此兵之所以強也

참고문헌

1. 자료

『三國史記』『三國遺事』『高麗史』『高麗史節要』朝鮮王朝實錄『高麗墓誌銘集成』『萬機要覽』『舊唐書』『新唐書』『舊五代史』『新五代史』『遼史』『契丹國志』『資治通鑑』『續資治通鑑長編』『渤海國志長編』

金渭顯,『高麗史中中韓關係史料彙編』, 食貨出版社(臺北), 1983.

2. 단행본

강호국 외,『지형 및 기상』, 良書閣, 1999.

國家安全企劃部,『北韓 地域情報 總覽』, 1997.

國防軍史研究所,『韓民族戰爭通史(Ⅱ)』高麗時代篇. 1993.

國防部戰史編纂委員會,『麗遼戰爭史』, 1990.

高句麗研究會,『徐熙와 高麗의 高句麗 繼承意識』, 學研文化社, 1999.

陸軍敎育司令部,『韓國軍事思想研究』, 1985.

陸軍大學,『軍事地理』, 軍事評論編輯委員會, 1989.

─────,『戰理入門』, 軍事評論編輯委員會, 1998.

육군본부,『군사용어사전』, 1998.

─────,『편성·기술 및 군수제원(Ⅰ)』, 1999.

陸軍士官學校,『軍事地理 -韓國 및 周邊國-』, 博英社, 1980.

─────,『世界戰爭史』, 日新社, 1987.

金庠基,『新編 高麗時代史』, 서울대학교출판부, 1985.

金渭顯,『遼金史研究』, 裕豊出版社, 1985.

金在滿,『契丹民族發展史의 研究』, 讀書新聞社出版局, 1974.

─────,『契丹·高麗關係史研究』, 國學資料院, 1999.

김한규,『한중관계사』I, 아르케, 1999.

盧啓鉉,『高麗外交史』, 갑인출판사, 1994.

文暻鉉,『高麗太祖의 後三國統一研究』, 형설출판사, 1987.

朴玉杰,『高麗時代의 歸化人 研究』, 國學資料院, 1996.

方東仁,『韓國의 國境劃定研究』, 一潮閣, 1997.

徐炳國,『발해 발해인』, 一念, 1990.

─────,『거란 거란인』, 오정주식회사, 1992.

송인영,『전쟁의 이해』, 공학사, 2002.

李基白,『高麗兵制史研究』, 一潮閣, 1968.

李丙燾,『韓國史-中世篇-』, 乙酉文化社, 1961.

河炫綱,『韓國中世史研究』, 一潮閣, 1988.

韓圭哲,『渤海의 對外關係史』, 신서원, 1994.

洪承基 편,『高麗 太祖의 國家經營』, 서울대학교출판부, 1996.

池內宏,『滿鮮史研究-中世篇2-』, 吉川弘文館, 1937.

金渭顯,『契丹的東北政策』, 華世出版社(臺北), 1981.

3. 연구논문

姜大良,「高麗初期의 對契丹關係」『史海』1, 1948.

강희웅,「고려초 과거제도의 도입에 관한 소고」『한국의 전통과 변천』, 1973.

金光洙,「高麗建國期의 浿西豪族과 對女眞關係」『史叢』21·22합집, 1977.

金光洙, 「高麗前期 對女眞交涉과 北方開拓問題」 『東洋學』 7, 1977.

金庠基, 「麗宋貿易小考」 『震檀學報』 7, 1937 ; 『동방문화교류사논고』, 1948.

─── , 「丹寇와의 抗爭」 『國史上의 諸問題』 2, 1959.

金成俊, 「十訓要와 高麗 太祖의 政治思想」 『韓國中世政治法制史研究』, 1985.

金渭顯, 「遼代 渤海 復興運動의 性格」 『明大論文集』 11, 1978.

─── , 「高麗對宋遼金人投歸的受容策」 『史學志』 16, 1982.

─── , 「高麗와 契丹의 關係」 『한민족과 북방과의 관계사 연구』, 한국정신문화연구원, 1995.

─── , 「契丹·高麗間的女眞問題」 『明知史論』 9, 1998.

─── , 「渤海遺民과 後渤海 및 大渤海」 『高句麗研究-발해건국 1300주년(698~1998)-』 6, 1998.

金恩國, 「渤海滅亡에 관한 재검토-거란 침공과 그 대응을 중심으로-」 『白山學報』 40, 1992.

金仁圭, 「高麗 太祖代의 對外政策」 『高麗太祖의 國家經營』, 1994.

金在滿, 「契丹 聖宗의 高麗 侵略과 東北亞細亞 國際政勢의 變趨(상)」 『大同文化研究』 27, 1983.

─── , 「五代와 後三國·高麗初期의 關係史」 『大同文化研究』 17, 1983.

─── , 「契丹·高麗 國交前史」 『人文科學(成均館大)』 15, 1986 ; 「契丹·高麗關係史研究』, 1999.

金昌謙, 「後三國 統一期 太祖 王建의 浿西豪族과 渤海遺民에 대한 政策研究」 『成大史林』 4, 1987.

─── , 「高麗 太祖代 對流移民政策의 性格」 『國史館論叢』 35, 1992.

金昌洙, 「고려와 興遼國」 『黃義敦古稀紀念論叢』, 1960.

金澄龍, 「韓半島 軍事地理的 特徵이 戰爭에 미치는 影響 -지형 및 기상을 중심으金

로-」, 경남대학교 행정대학원 석사학위논문, 1995.

羅鍾宇, 「高麗時代의 對宋關係」『圓光史學』4, 1984.

南仁國, 「高麗前期의 投化人과 그 同化政策」『歷史敎育論集』8, 1986.

盧啓鉉, 「高麗外交史序說: 高麗初期(光宗-成宗初)의 北方外交政策과 領土擴張」 『論文集(한국방송통신대학)』9, 1988.

―――, 「고려의 자주외교노선과 영토정책 -특히 제2차 麗遼전쟁을 중심으로」『論文集(한국방송통신대학)』11, 1990.

盧明鎬, 「高麗 支配層의 渤海流民에 대한 認識과 政策」『汕耘史學』8, 1998.

盧泰敦, 「渤海國의 住民構成과 渤海人의 族源」『韓國古代의 國家와 社會』, 1985.

朴禮在, 「高麗太祖 王建의 高句麗 復古意識」『空軍士官學校論文集』7, 1977.

朴玉杰, 「高麗時代의 渤海人과 그 後裔」『閔丙河停年紀念論叢』, 1988.

―――, 「고려초기 귀화한인에 대하여」『國史館論叢』33, 1992.

朴宗基, 「고려 中期 對外政策의 變化에 대하여-宣宗代를 중심으로」『韓國學論叢』16, 1993.

朴漢卨, 「高麗 太祖의 後三國 統一政策」『史學志』14, 1980.

―――, 「羅末麗初의 西海岸交涉史硏究」『國史館論叢』7, 1989.

朴賢緖, 「北方民族과의 抗爭」『한국사』4, 1974.

方東仁, 「高麗前期 北進政策의 推移」『領土問題硏究』2, 1985.

徐炳國, 「高麗·宋·遼의 三角貿易」『白山學報』15, 1973.

―――, 「거란제국의 농업정책」『淸大史林』6, 1994.

서성호, 「고려 태조대 대거란 정책의 추이와 성격」『역사와 현실』34, 1999.

宋基豪, 「발해 멸망기의 대외관계-거란·후삼국과의 관계를 중심으로-」『韓國史論』17, 1987.

申採湜, 「宋代官人의 高麗觀」『邊太燮華甲紀念論叢』, 1986.

柳嵐,「高句麗와 遼·金 古城의 比較研究」『高句麗研究-高句麗山城研究-』8, 1999.

李根花,『高麗前期 北方政策의 展開研究』, 경희대학교 대학원 박사학위논문, 1988.

李基東,「羅末麗初 南中國 여러나라와의 交涉」『歷史學報』155, 1997.

李基白,「高麗 初期 五代와의 關係」『한국문화연구원논총』1, 1960.

─── ,「高麗의 北進政策과 鎭城」『東洋學』7, 1977 ;『軍史』창간호, 1980.

李丙燾,「對宋關係」『韓國史-中世篇-』, 1961.

李龍範,「麗丹 貿易考」『東國史學』3, 1955.

─── ,「遼代 東京道의 渤海遺民」『史叢』17·18, 1973.

─── ,「10-12세기의 國際情勢」『한국사』4, 1974.

─── ,「高麗와 契丹과의 關係」『東洋學』7, 1977.

─── ,「胡僧 襪囉의 高麗往復」『歷史學報』75·76, 1977.

李種明,「高麗에 來投한 渤海人考」『白山學報』4, 1968.

李孝珩,「興遼國의 성립과 對高麗 구원 요청」『釜大史學』22, 1998.

林相先,「高麗와 渤海의 關係-高麗 太祖의 渤海認識을 중심으로-」『素軒南都泳博士 古稀紀念歷史學論叢』, 1993.

全海宗,「대송외교의 성격」『한국사』4, 1974.

─── ,「高麗와 宋의 關係」『東洋學』7, 1977.

─── ,「高麗와 宋과의 交流」『國史館論叢』8, 1989.

鄭信峰,「高麗 成宗代의 對宋關係」『全州史學』4, 1996.

趙仁成,「高麗 兩界의 國防體制」『高麗軍制史』, 1983.

崔圭成,「高麗初期 女眞關係와 北方政策」『東國史學』15, 1981.

─── ,「高麗初期 女眞問題 發生과 北方經營」『白山學報』26, 1981.

─── ,「북방민족과의 관계」『한국사(신편)』15, 1995.

韓圭哲,「高麗來投·來往契丹人-渤海遺民과 관련하여-」『韓國史研究』47, 1984.

韓圭哲,「後三國時代 高麗와 契丹關係」『富山史叢』1, 1985.

———,「高麗時代의 靺鞨 硏究」『釜山史學』14·15, 1988.

———,「고려 來投·來住 여진인」『釜山史學』25·26, 1994.

———,「渤海復興國 '後渤海' 硏究: 연구동향과 형성과정을 중심으로」『國史館論叢』62, 1995.

———,「渤海遺民의 高麗投化」『釜山史學』33, 1997.

池內宏,「高麗成宗朝に於ける女眞及び契丹との關係」『滿鐵地理歷史硏究報告』5, 1918.

———,「契丹聖宗の高麗征伐」『滿鐵地理歷史硏究報告』7, 1920.

日野開三郎,「定安國考」『東洋史學』1·2·3, 1950·1951.

———,「統和初期における契丹聖宗の東方經略と九年の鴨綠江口築城」『朝鮮學報』21·22合, 1961.

———,「宋初女眞の山東來航の大勢とその由來」『朝鮮學報』33, 1964.

三上次男,「高麗と定安國」『東方學報』11-1, 1940.

津田左右吉,「高麗西北境の開拓」『朝鮮歷史地理』2, 1913 ; 『津田左右吉全集』11, 1964.

和田淸,「定安國について」『東洋學報』6-1, 1955 ; 『東洋史硏究-滿洲篇-』, 1916.

丸龜金作,「高麗と契丹·女眞との貿易關係」『歷史學硏究』5-2, 1935.

———,「高麗と宋との通交問題(1)(2)」『朝鮮學報』17·18, 1960·61.

金渭顯,「遼代渤海人的反對鬪爭」『遼金西夏史硏究』(天津), 1997.

———,「西夏與宋遼之關係」『首屆西夏學國際學術會議論文集』, 1998.

■ 찾아보기

ㄱ

가주 41, 65, 98, 104
가주성 91
각장榷場 93, 117, 152
간천군杆天軍 58
감문위監門衛 59
강감찬姜邯贊 161, 165, 167, 168, 170, 172, 173
강남산맥 141
강동 6주 20, 65, 110, 113, 118, 144, 146, 150~161, 172, 182,
강민첨姜民瞻 134, 162
강승영康承穎 155
강조康兆 64, 73, 80, 117~119, 124, 128, 129, 136, 137, 144, 146
강화회담 104, 107, 109, 110, 126, 146
개경 29, 59, 121, 132, 134, 136, 137, 146, 161, 162, 165, 167, 168, 170, 172, 173
개문출격開門出擊 52, 71, 144
개정군開定軍 62
개주 30, 41
개주성 91
개태開泰 152
거란 경종 37, 38
거란 대장경 177

거란 목종 37
거란 병제 74, 101, 102
거란 성종 18, 43, 58, 80, 90, 116~118, 123, 124, 134, 136, 143, 152, 158, 176
거란 세종 36, 37
거란 태조 25~28, 31, 32, 62, 65, 77, 80
거란 태종 33, 36, 68, 77, 80
검차劒車 72, 73, 128
견벽고수堅壁固守 70~71, 144
견일堅一 159
견훤 29
경학박사 40
고구려 19, 24, 109, 121, 132
고구려 계승국 17, 19, 112
고구려 고토 17, 19~21, 43, 90, 101, 105, 107, 111, 112
고려 경종 39, 42
고려 광종 37, 39, 41, 42, 65, 106
고려 목종 58, 117, 119
고려 성종 39, 42~44, 46, 58, 90, 91, 104, 105, 107
고려 정종 61
고려 태조 29~31, 34, 35, 39, 42, 62, 65, 106
고려 현종 58, 64, 68, 117, 118, 133, 136,

176, 178
고려 혜종 39, 42
고안 44
고연적高延迪 155
고영기高英起 136
고의高義 159
고적여高積餘 152, 155
고정高正 118
고창古昌 31
곡성曲城 69
골암성 62
골암진 29
공산公山 31
공해전 39
곽원郭元 156
곽위郭威 37
곽주 110, 113, 118, 121, 126, 129, 130, 132, 136, 139, 140, 145, 156, 157
곽주성 67, 68, 129, 130, 137, 144
관성關城 44
관순 95
광군光軍 41, 61, 62, 91, 111
교위校尉 60
구당勾當 93
구룡강 41, 91
구주 110, 113
국자감 40
군주軍主 82
궁예 29
궁위기군宮衛騎軍 77, 78
귀순주歸順州 182

귀주歸州 32, 67, 98, 102, 110, 113, 118, 123, 126, 140, 141, 145, 176
귀주대첩 168
귀주 전투 168, 170
근장近仗 58
금金 93, 182, 183
금강성金剛城 179
금광리 141
금교역 전투 167, 168
금어부金魚符 81
금오위金吾衛 58
기군騎軍 77
기동로 21, 52, 121, 140, 162, 163, 172, 177
길림산맥 90, 96
김계부金繼夫 130
김극金克 155
김락金樂 31
김숙흥金叔興 141, 178
김승위金承渭 151
김연보金延保 119
김원충金元沖 177
김종현金宗鉉 167, 170
김행성金行成 42
김훈・최질의 난 58, 154
김훈金訓 130

ㄴ

나주 137

231

남경南京 93
남경 석진부 78
남경유수 80
남경통군도감 南京統軍都監 116
남부南府 78
낭장 郎將 60, 63
내구산 165, 167
내성內城 68
내원성 46, 93
노군弩軍 63
노弩 72
노대弩隊 72
노비안검법奴婢按檢法 39
노의盧顗 133
노전盧戩 129
노현좌盧玄佐 155
뇌등석포雷騰石砲 180

ㄷ

다중 방어선 20, 67, 144
다중 종심 방어선 113
당 24, 105
당 태종 68
당항党項 25
당 현종玄宗 24
대광현大光顯 31
대隊 60
대도수大道秀 31, 134
대동강 29, 30, 51, 52, 65, 105, 121, 132

대동大同 28
대령강 41, 91, 104, 121
대성大城 29
대수령부족군大首領部族軍 77, 78, 118
대요大遼 28
대인선大諲譔 26
대장군大將軍 60
대장피실군大帳皮室軍 77
대정隊正 60
대조영大祚榮 25
대회덕大懷德 32, 130
덕주 30
도감都監 82, 158
도령都領 63
도종道宗 177
도통都統 44, 102, 111, 118, 155, 158
돌기突騎 134
돌욕 27
동경東京 93, 156, 158
동경 요양부 32, 51, 78, 90, 96, 102, 139, 177
동경유수 81, 90, 102
동계 63, 67, 117, 179
동단국東丹國 26, 27, 31, 43, 90, 93
동방 경략 17, 43, 101
동북 9성 182
동북면도순검사東北面都巡檢使 64, 133, 145
동여진 117, 182
동평군東平郡 93
두만강 90, 182

ㅁ

마군馬軍 58, 59, 63
마답군麻答軍 78
마보우馬保佑 134
마수馬壽 129
마탄 134, 165, 167
마탄 전투 143, 165
만부교 사건 34, 35, 43
만선사관滿鮮史觀 15
말라襪囉 35
맹주 110, 113, 180
멸악산맥 163
목계木契 44
무로대無老代 124, 141, 142, 145
민제閔帝 27

ㅂ

박권朴權 62
박섬朴暹 132
박양유朴良柔 91
박원작朴元綽 180
박주 41, 98, 102, 104
박주성 91
박천 40
박충숙朴忠淑 119
반령盤嶺 170
발해 17, 25, 31, 32,33, 34, 35, 42, 43, 65, 80

방수防戍 59
방수군 63, 64, 119, 143
방수낭장 64
방수장군 64
방수중랑장 64
백마산 123, 124, 173
백정白丁 63
번한전정蕃漢轉丁 78
번한호蕃漢戶 78
번한호정蕃漢戶丁 78
법언法言 134
별장別將 60
병마도통兵馬都統 82, 83
병마본사兵馬本司 82
병마사 64
병마제정사兵馬齊正使 91
병민일치兵民一致 74
병부兵符 81, 82
병자호란 95, 121
보군步軍 59
보량保良 141
보반步班 63
보승保勝 59, 61
보주(의주) 31, 93, 96, 110, 117, 123, 129, 140, 151, 168, 177
보주성 152
보창保昌 62, 63
보천군補天軍 58
보통강 121
복시覆試 40
본계 95

봉산군蓬山郡 98, 102, 104, 111, 112
봉황성 95, 96
부도통副都統 82
부량浮梁 152
부여부성 26
북경관성北境關城 179
북계 62, 63, 67, 111, 162, 180
북계 동로 111, 118, 126, 140, 143, 144, 111, 118, 121, 126, 129, 132, 140, 144, 162, 163, 165, 168, 170~172
북계 서로 113, 118, 126, 140, 145
북부北府 78
북부재상北府宰相 118
북부중부족군 155
북위北魏 24
북제北齊 24
북한北漢 37, 38, 42

ㅅ

사공沙工 63
삭주 45, 168, 180
산성 67, 69
산원散員 60
삼각산 107
삼교천 68, 123, 124, 165, 170, 172
삼교천 전투 165
삼군 64
삼수채 128
삼수채 전투 73, 128, 129, 143, 144

상경 156~158
상경 임황부 78
상령常領 59
상장군上將軍 60
새마집 95
생여진 90, 111, 182
생천군鉎川軍 63
서경西京 29, 30, 40, 46, 65, 90, 91, 105, 130, 132, 133, 136, 140, 145, 146
서경 대동부 78
서경성 133, 134, 136, 137, 143
서경재성西京在城 29, 30, 65
서경 전투 130, 132, 136, 139, 143, 146
서방 경략 17, 25, 37, 101
서북면도순검사西北面都巡檢使 64, 117, 123, 144, 145
서북방 경영 17, 29, 31, 32, 34, 108, 111, 132
서북방 지역 46, 65, 67, 69, 101, 105, 179
서하동 165
서희徐熙 91, 105~107, 109, 112, 145
석경당石敬瑭 27, 28, 36
석교리 165
석령石嶺 141
석천石川 170
석포石砲 72, 73
선덕진 179
선봉군先鋒軍 83, 84
선의진 152
선주 67, 110, 113
성두城頭 69, 70

성천 30
소굴열蕭屈烈 155, 156, 158
소배압蕭排押 118, 161, 176
소손녕 18, 20, 100~102, 104, 105,
　　　107~109, 112
소아고지蕭阿古只 25
소옹紹雍 176
소외와蕭隗注 158
소응蕭凝 118
소적열蕭敵烈 117, 118, 152, 153
소충현蘇忠玄 155
소합탁蕭合卓 158~160
소허열蕭虛列 161
속국군屬國軍 77, 79
속산군屬珊軍 77
손간孫簡 155
『孫子兵法』 50
손만영孫萬榮 24
송령 179
송 宋 37, 38, 42, 43, 46, 90, 104,
　　107~109, 111, 116~118, 150, 156,
　　183
송 태조 37, 38
송화강 90, 182
수영포가정守營鋪家丁 75
수질노繡質弩 180
숙여진 90
숙주 30, 129, 133, 136, 145
순안 30
순주 30
술율태후述律太后 77

습회 25
승리인乘里仁 130
승천황태후承天皇太后 43
시거운柴巨雲 129
시무책時務策 39
신기神騎 63
신라 19, 29, 108
신라 경순왕 29
신성 44
신숭겸申崇謙 31
신영한申寧漢 130
신은현 163, 167, 172
신의주평야 52
신호위神虎衛 58
심양 95
12궁宮 1부府 77
12목牧 39
쌍기雙冀 39

ㅇ

아이호강 96
안북부 30, 62, 91, 102, 104, 130, 132,
　　　136
안북부성 65
안사安史의 난 24
안소광安紹光 65, 119
안수진 180
안융진 31, 41, 102, 104
안융진성 91

안의 113
안의진 67, 110, 118
안주 129, 136, 140, 145
안주평야 52
안평 96
압록강 19, 20, 44, 46, 51, 52, 67, 93, 95, 96, 101, 107, 109, 112, 117, 118, 121, 142, 144, 150~154, 157, 158, 161, 162, 165, 172, 173
야율단석耶律團石 152
야율덕광耶律德光 25, 27
야율말지耶律末只 43
야율분노耶律盆奴 128
야율사진耶律斜軫 44
야율세량耶律世良 155, 156
야율아보기耶律阿保機 24, 27
야율팔가耶律八哥 161
야율행평耶律行平 151, 154, 176
야율현耶律賢 37
야율호덕耶律好德 167
양계 61~63
양계업楊繼業 45
양규楊規 123, 124, 130, 141, 144, 145, 178
양덕 30
양왕梁王 주온朱溫 24
양주 136
양춘楊春 155
어장친군御帳親軍 77, 78
언진산맥 163
여리참餘里站 141

여진 19, 29, 43, 44, 46, 65, 91, 104, 106, 109, 112, 117, 150, 155, 180, 182
요하 송막松漠 24
역령役領 59
연남燕南 25
연산관 96
연燕 25
연운 16주 27, 37, 183
연주 168
열평列評 29
영강왕군永康王軍 78
영덕진 180
영령 60, 63
영변 40, 41
영변성 91
영삭진 180
영새녕새寧塞 63
영원진 180
영유 30
영주寧州 32, 156, 157
영해진 180
영흥진 179
예성강 29, 121, 180
오경향정五京鄕丁 77~79
오군五軍 64
오압군五押軍 78
오伍 60
오위伍尉 60
옹성甕城 70
완안부完顏部 182
완항령 130

왕건 29
왕계충王繼忠 158
왕동영王同潁 119
왕성王城 40
왕수남王守男 181
왕식렴王式廉 29
왕안석王安石 183
왕좌섬王佐暹 119
왕좌王佐 155
왕첨王瞻 150
왕팔王八 134
외성外城 67
요덕진 179
요동 17, 43, 44, 46, 51, 90, 105, 106, 111
요동 정벌 90, 96
요양 27, 43, 96
요양부 31, 93
요주 25
용강현 29
용주 67, 110, 113, 123
용진진 179
용호군龍虎軍 58
우강右綱 58
우군右軍 62, 63, 64
우군병마사右軍兵馬使 65, 119
우천군祐天軍 58
운산성 91
운전리 104
운주 41, 180
원영元潁 161
원종석元宗奭 133

원탐난자군遠探攔子軍 83, 84, 167
원흥진 179
월왕군越王軍 78
위왕군偉王軍 78
위원진 179, 180
위魏 107
위衛 60
위주 157, 168
유금필庾黔弼 29
유성劉晟 155, 158
유소柳韶 179
유숭劉崇 37
유주 25
윤여尹餘 119
융우隆祐 118
은주 30
을름乙凜 134
응양군鷹揚軍 58
의군천병義軍天兵 124
의학박사 40
이겸의李謙宜 44
이극용李克用 25
2군軍 6위衛 58
이몽전李蒙戩 100~102, 104
이방李肪 65, 119
이송무李松茂 155
이수梨樹 141
이수화李守和 124
이실활李失活 22
이예균李禮均 119
이원귀李元龜 129

이원李元 130
이작인李作仁 176
이존욱李存勖 25
이종가李從珂 27
이지백李知白 107
이진충李盡忠 24, 25
익왕冀王 적열敵烈 38
익진관益津關 37
인병출격引兵出擊 71
인황왕人皇王 26, 36
일리천一利川 58
일품군一品軍 61
임억任憶 155
임원역 134

ㅈ

장군將軍 60
장백산맥 90, 96
장영張瑩 107
장주 179
장진호 전투 54
장흥 109, 113
적대敵台 70
전공지田拱之 150
전군前軍 64
전연의 맹 116, 117, 183
전장田匠 63
절령 105
정군正軍 74, 87

정묘호란 121
정변진 179
정성鄭成 124
정신용鄭神勇 152, 155
정안국 31, 43, 44, 90
정용精勇 59, 61, 63
정원성 152
정읍진 179, 180
정인鄭仁 134
정정正丁 77
정종 40, 41
정주 98, 168, 179, 180
정충절鄭忠節 133
조광윤趙光胤 37
조두 95, 96
조성유趙成裕 130
조양골 165
조원趙元 134, 167
조익趙弋 152
조자기曹子奇 133
조趙 25
좌강左綱 58
좌군병마사左軍兵馬使 65, 119
좌군左軍 62, 63, 64
좌우기군장군 130
좌우위左右衛 58
주수主帥 84, 86
주연周演 152, 155
주진군州鎭軍 61~64, 100, 119, 123, 143, 162
주현군州縣軍 61~63, 91

중경 156, 157
중경 대정부 78
중군中軍 58, 64
중군병마사中軍兵馬使 119
중랑장中郎將 60, 63
중부족군衆部族軍 77, 78, 118
중흥사中興寺 133
지경동 165
지채문智蔡文 133, 134
지천군支天軍 58
진두鎭頭 62
진적陳頔 119
진주 25

ㅊ

차성遮城 69, 70
창화현昌化縣 136
채온겸蔡溫謙 129
채충순蔡忠順 150
천리장성 179~181
천마산 128
천무군天武軍 58
천우위千牛衛 59
천현天顯 26, 33
철산 67
철원 29
철주 110, 113, 126
청강 128
청색진 182

청야입보淸野入保 70, 71
청야淸野 전술 52, 139, 144, 167
청천강 30, 40~42, 51, 52, 65, 91, 102,
    105~107, 111, 112, 118, 121,
    126, 129, 130, 132, 137, 140, 141,
    143~145, 151, 153, 155, 157,
    162, 163, 165, 168
체성體城 70
초군抄軍 62, 63
초하구 95
촉한蜀漢 107
최량崔亮 91
최사위崔士威 65, 119, 126, 128
최승로崔承老 39
최질崔質 129
최창崔昌 133
최탁崔卓 129
최현민崔賢敏 65, 119
출정군 63, 64, 123, 143, 162, 173, 162,
    165, 171, 173
출제出帝 28, 35
측천무후則天武后 24
치성雉城 69
친어군親禦軍 58
친왕親王 78
친종親從 58

ㅋ

클라우제비츠 50

ㅌ

타이주호강 96
타초곡가정打草穀家丁 74, 75, 86, 87
탁사정卓思政 133, 134, 145
탁주 44
태자군太子軍 78
태주 41, 65, 98, 102, 104, 118, 140, 163, 168
태주성 91
통군사統軍使 65, 119
통원보 95, 96
통주 110, 113, 118, 121, 123, 124, 126, 128~130, 136, 137, 139, 140, 143, 152, 155~157
통주 전투 128, 133, 136, 137
통화統和 110

ㅍ

팔부대인八部大人 24
80만 대군 101, 104, 111
팔우노八牛弩 180
패강진浿江鎭 29
평노진 180

평산 140
평산성平山城 170
평양 29, 105, 132
평양평야 52
평주 121
피현 141

ㅎ

하공신河拱辰 136, 144, 150
한국화韓國華 44
한기韓杞 118, 134
한수령韓遂齡 43
할지론 105, 107
함종현 29
함흥 182
합수목 128
항복론 105
해가고요奚家古要 181
해가奚哥 181
해령海領 59
해奚 25
행영도병마사行營都兵馬使 65, 119
행영도통사行營都統使 64, 119, 136, 144, 161
행영병마도통行營兵馬都統 82
향정鄕丁 78, 102, 118
혁차革車 180
호가군護駕軍 83
홀한성 26, 43, 90

홍광洪光 159

홍숙洪淑 129

홍화진 118, 123, 124, 125, 126, 128, 129,
130, 139, 140, 144, 151, 160, 177

홍화진성 67, 68, 123, 124, 143, 145

화주 117

환가현 179

환주 45

황주 105

회군로 140, 141

회동會同 33

후고구려 29

후군後軍 64

후당 명종明宗 27

후당後唐 25, 26, 33

후량後梁 24, 25

후발해 31

후백제 29, 31, 34, 58

후삼국 29, 31, 33, 34

후주後周 37, 39, 90

후진後晉 27, 28, 33~37, 41, 42, 90

후진 고조 35

후한後漢 42

흥위위興威衛 58

흥화 110, 113

흥화진 67, 110, 141, 152, 180

흥화진성 137

241

고려 거란 전쟁

초판 발행 | 2003년 2월 15일
재판 발행 | 2003년 8월 20일

지은이　안주섭
펴낸이　한정희
펴낸곳　경인문화사

주　소　서울 마포구 마포동 324-3
전　화　718-4831
팩　스　703-9711
등　록　1973년 11월 8일 제 10-18호
이메일　kyunginp@chollian.net

ISBN 89-499-0174-9　93910
값 23,000원